방안의 코끼리

J.H CLASSIC 098

방안의 코끼리

세정 이정화 시집

지혜

시인의 말

수 많은 시간
설계도를 그리고 지웠다

변덕스러운 날씨 같은 설계도를
완성하기 위해

삶의 주인으로
가슴 깊이 우러나는 글을 쓰며
지구환경을 아끼고 사랑하며

한 땀 한 땀 바느질하듯
날마다 다가오는 날들에 감사하며
가족과 사회에 향기 있는 사람으로 남고싶다

『방안의 코끼리』를 읽는 사람들의 가슴이 훈훈해 질 수 있기를…

2025년 5월
세정 이정화

머리말

이 서 빈 시인

세정 이정화 시인은 자연을 아끼고 사랑하는 마음으로 시를 쓰며 환경을 살리는 지구 전사다. 지구를 살리기 위한 시를 쓰면서 망설임 없이 선이 굵은 시를 쓴다. 시들이 매우 구체적이면서도 세련되고 숭고하다. 이 시대 시인이 해야 할 일이 무엇인지를 정확하게 알고 대응하면서 푸른 식물성 언어와 통신 하면서 시적 상상력을 확장하고 시적 공간을 자연으로 옮겨 시를 쓴다. 시구詩句들이 아름답고 철학적인 사유를 담고 있다. 세정 이정화 시인은 '무관심은 죄악'이라는 극작가 버나드 쇼의 말을 가장 잘 증명하며 생명 경외生命 敬畏의 존엄성을 독자들에게 읊어주고 있다. 아래의 시구詩句들은 인구에 회자할만한 고전 같은 시구詩句들이다.

나무 부둥켜 안고 종일토록 새파랗게 울었다
자연과 한 몸 되는 법을 깨달았을까?

—「탈출」 부분

의사들은 하늘에 청진기를 대고
환자들은 이유를 몰라 의사의 가려진 입만 바라보고
—「혓」 부분

한 문장을 기생시키기 위해 매일 밤 별빛으로 눈썹을 심는다
눈썹사이로 흘러내리는 갈색눈물 흥건하게 기생하는 밤
—「기생」 부분

두드리면
청동청동 울며 판을 떠나가는 청동판
허공 떠돌며 해탈을 꿈꾼다
—「시간을 경전수레에 담다」 부분

대낮에 조등으로 피어 그악스런 독설을 수런거리고 있다
풋내나는 열매 떨어진 생엔
살아도 살아도 만나지 못한 슬픔만 넝쿨지고
—「인연화」 부분

너는 오랫동안 아름다움의 화신이었다.
꽃 속을 너울거리는 모습은
나비가 꿈을 꾸는지 꿈이 나비를 가두는지
장자도 끝내 알지 못하고 죽은 묘지는 아직도 살아 꿈틀꿈틀
—「애벌레의 꿈」 부분

시詩를 쓰는 것은 닿소리 홀소리를 발효시키는 일
—「발효」 부분

살아있는 동안 누군가의 발자취를 답습해
걸어야 하는 먼 먼 길
바퀴 굴러가듯 한 순간의 흔적
어데로 갔을까
—「늙을 수 없는 시간」 부분

이름을 불러 대답하면 공짜로 팔았건만 아무도 내 더위를 사가지 않았다.
—「신이 만든 세상」 부분

표정 없는 나무요양원엔
눈깜짝할새들이 모여 사는 곳

걸음
팔
어깨
정신
모두 날아다니는 눈깜빡할새를 바라보며
저승 가는 시간을 당기고 있다
—「나무요양원」 부분

바늘 쌈지에서 바늘을 골라
조심스레 날개를 깁는
새들
—「소小나무」 부분

조물주는 인간을 만들고 인간은 프라스틱 만들고
지구 프라스틱 뒤덮으면 인간도 프라스틱인간 될
—「아찔한 현기증」 부분

따뜻해진 기후 차거운 무관심
방 안의 코끼리 모두 쉬! 쉬! 쉬!
눈앞 이익에 눈앞 깜깜 보이지 않는
—「방안의 코끼리」 부분

나무 벌레
지렁이 곰팡이 미생물까지
함께 사는 숲
—「숲 공동체」 부분

가이아의 능력으로
음양오행의 조화를 맞추고 푸른 숲 일렁이게 할 수는 없을까?
—「아프리카」 부분

강물소리 잘라서
시집가는 새색시 혼수 지어 입고
봄 기다리며 서 있는 외발
하늘 떠 받치며 하늘 하늘 숫바람을 부르고 있다
—「금강송」 부분

나무열매들이 말을 배운다
동글 동글 배우는 방언
—「나무의 방언」 부분

어둠 속 나침반 찾으러 간
절 마당엔 불소리 날아다닌다

석가모니불
아미타불
비로자나불

꽃불은 사람의 마음을 다 태우고
산불은 지구 심장을 다 태운다
—「불소리」 부분

오류에 젖고
개연성도 없는 인간머리
균들이 인간 잔치 열면

어디로 피신할 것인가
—「어디로」 부분

밤꽃 향기 날리면 바람났다는 소문이 물레방아를 돌리고 있다
—「가시」 부분

인간들 잣대로 독풀이거나 약풀이거나 정한다
—「풀의 고백」 부분

지구 살리는 손가락꽃 여기저기 필까?
기린 발굽같은 생각이 뛰어오는 밤
—「인제麟蹄의 하루」 부분

가장 꼭대기에 복숭아 탕을 만들어 놓고
복숭아의 비법으로
불로장생을 꿈꾸는 인간
—「불로장생」 부분

기적을 잉태한
곰이 하늘로 배를 드러내고 누운 곰배령
—「기적도서관」 부분

갈 곳 몰라
방황은 우후죽순처럼 자라났지

—「끝없이 걷는 길」 부분

하루치의 노동은

폐골판지보다 남루하고

—「개망초 소문」 부분

선천의 말 후천의 소로 갈아타기란

몇 억겁의 선善이 필요할까?

—「호미생각」 부분

모든 것을 눈먼시간으로 만들어 버리는

사막으로 끝없는 날들이 익사했다

—「모래산」 부분

우주엔 자연의 소리 있고

우리에겐 자연의 소리를 기록할 글이 있다

—「한글 말글」 부분

천국은 하늘에 있지 않고 지상에 있다는 걸

사람들만 모르지

—「지렁이 춤」 부분

멋진 롱다리로 힘껏 지구를 뛰어다니며

오래오래 남겨질 지구환경 경전을 쓸거야

—「올챙이의 기도」 부분

지구는 신이 만든 정원이다

—「바람의 날개」 부분

바람은 여백을 찾아 흔들고

—「봄을 지우다」 부분

하늘금고에는 바람이 저장되어 있다

—「하늘금고」 부분

틈이란 가끔 자신을 돌아보란 경전 같은 말

—「틈」 부분

이번 동지에 팥죽 같은 거짓말을 펄펄 끓인다

—「거짓말 끓이다」 부분

오늘은 얼마나 소리치며 고요히 흘러가는가

—「비에 편입하다」 부분

오염된 지구
세탁기에 돌려 깨끗이 빨고 싶다

—「지구 세탁」 부분

득도得道의 세계를 향해

불상의 입에 오도송悟道頌을 밀어넣는다
다그르 다그르 득도문을 굴려본다
—「물고기 말」 부분

부정의 천기누설로 시를 짓는다
—「날고 싶은 새」 부분

하얀 허공에 버티고 앉아
또 다른 생을 벗기고 있다
—「수다바위」 부분

예측 불가능한 재해 앞에서
인류의 멸종이 까치독사처럼 혀를 날름거린다
—「물 폭탄」 부분

청개구리 등껍질이 검게 변했다는 사라진 전설
연꽃으로 피고지며 환영을 건져올리고 있다
—「지금」 부분

시집 한 권에서 이렇게 많은 고전 같은 시구가 나오는 건 매우 드문 일이다. 이 시집에 나온 명구들이 길이 남아 인구人口에 회자膾炙되리라 믿는다.

첫 시집 상재를 축하하며 붓의 날갯짓이 세상을 날아다니며 나비효과를 일으키길 기대한다.

차례

1부

2부 나무 木

3부 불 火

4부　흙 土

5부　바람 風

6부 물 水

1부

• 일러두기
페이지의 첫줄이 연과 연 사이의 띄어쓰기 줄에 해당할 경우 >로 표시합니다.

탈출

땅속
어둠 파먹으며 견뎌온 세월
어둠을 탈출해
나무 부등켜 안고 종일토록 새파랗게 울었다

풀과 나무 일시에 파랗게 물들고
고독에 답하는 법을 알지 못해 죽은
학 한 마리 긴 목숨 자랑한다

하루에도 몇 번씩 화내고 탐낸
분노 어리석음
모두 저물어가는 아쉬움

붓다
깨달음 얻게 한
하늘 안개
무궁토록 변화에 순응하며

구름으로 물방울로 안개로
변신하며 또 다른 삶을 겨냥하기 위해

탈출을 시도한다

매미는 땅속에서 붓다의 가르침 받아
자연과 한 몸되는 법
깨달았을까?

맥

뼈가 지키는 중심
만 번의 달이 뜨고 져도 꿈쩍 않던 뼈대

차갑고 푸른 눈빛으로
서로에게 딴 세상 이야기 늘어놓는다
삐끄덕 삐끄덕 뼈대 있는 말, 보리 익을 무렵 숭어맛처럼 한다

가을을 영글게 하던 씨앗들 겨울 갈무리 끝나면
온 힘 다해 꽃 피워내
나무와 풀의 숨소리에 지구는 끝없이 푸르러 지고

화려함보다 실리가 맥을 찾는다
맥이 약해지면 삶도 닳아가는

산이나 인간이나 살아 있는 모든 것은 맥이 움직인다
기도도 공부도 정진하는 힘도
우주를 통째 들었다 놓았다 하는 힘도 맥이다

맥이 맥 잡고 맥이 판치는 세상
맥없이 흥분하거나

맥없이 걸어가는 쓰러질 듯한 노인도 맥만 붙잡으면 이팔청춘

인맥 수맥 광맥 시맥
모든 일에 맥대가리 잃으면 끝장이다

보릿고개 넘겼다는 말도 맥이 허기를 넘겼다는 말

헛

헛말 헛일 헛꽃 헛자가 들어간 말에는 헛헛함이 피어난다

벌 나비 도움으로 헛꽃 씨방에 수정이 끝나면
고개 돌려 주홍글씨 스스로 써내는 용기
이중수정하지 않고 다른 꽃으로 가도록 배려하는 양반꽃

어느 날부터 공원에
유전자 조작으로 만들어낸 헛꽃(無性花=中性化)덩어리
탐스런 봉우리 된 불두화佛頭花
부처님머리를 달고 목탁을 두드리는 헛꽃

산수국과 백당나무의 윤회 불두화로 피어났다
다시 윤회를 거치면 무슨나무로 태어날까
씨 없는 꽃 야합하지 못한 수정 잘 피워내는 헛소문
절 마당의 불두화 석가 탄신 4월 8일 헛기침

수정을 초월한 불두화
백당나무열매 맺고 불두화 열매 없이 꽃만 화려하고 쓸쓸하게 진다
입술을 지그시 합쳐 웃는 모습

욕심 깡그리 날려보낸다

헛꽃에 헛꿈만 핀 연두 하얀 분홍 보라 남색 복색화複色花
욕심 모두 날려 보낸 숫꽃 덩어리

헛것이 보이고 헛것이 판치는 세상
입가리개가 얼마나 방역이 되는지 허방 짚는 것 아닐까
입 덮은 입가리개 색색의 모양

의사들은 하늘에 청진기를 대고
환자들은 이유를 몰라 의사의 가려진 입만 바라보고

희망이 있다면 '행복 20균' 이라도 나와서
슬픔 속 사람들에게 '희망노래'부르고
하루 빨리 헛맹세라도 했으면 아 이것도 헛 짚은거 아닌가

또 다른 세상

인공지능AI이 종횡무진
자동차 운전하고 밥 짓고 청소하고
인간의 일자리를 다 빼앗는 시대

인간이 만든 인공지능AI이 인간을 위협한다
커제를 꺾고 이세돌을 꺾는 바둑왕
몇 초 만에 천문학적 계산을 해내는 인공지능AI

인공위성은
없는 것과 있는 것 소통해 주는 중매자
이제 인간의 목숨줄마저 좌지우지 할

가슴 아파하고 기뻐하고 사랑하고
웃고 울 감정만 이식해 주면 또 하나의 종種이 될

2045년 인류가 100억 명 된다는 미래의 설계도엔
희토류의 지배를 상상하며
공상과학소설이 살 것 같다

인류가 100억 명이 되면 달라진다는

30년 후의 우리는 지금보다
더 메마르거나 더 촉촉하거나

지상의 삶을 포기하고 바다에 들어간 곤드와니가 되거나
모두 물속으로 들어갈지도
오늘 난 또 다른 세상에 살다
잠시 내려온
변증법을 피우는 개화식물일지도 몰라

기생

갈바람소리 스산하게 쌓이는 계절
싸르락 싸르락 잎들 옷 벗는 소리
농익은 가을 꼬리 잘라버리고
세포란 세포 모두 구멍 좁히며 겨울을 덮는다

못 이룬 것 못한 것 못 가본 곳
무수히 많은 못 이야기
부글 부글 끓는소리

계절이 얼마나 바뀌어야
마음 속 허탈 지울 수 있을까
틈틈이 들려오는 심장 때리며
허공을 난도질하는 소리에
유행성 감기 콜록인다

아무리 고쳐먹고 또 먹어도
배 부르지 않는 허기에 기생한 공허
정신 좀 차리게 확, 뒤집어 허공에 훌훌 뿌려볼까

공허나 허공이나 텅빈 건 같아

허공공 허공공
길 밟고 서서
길 잃은 윤리노숙자
길거리 배회하고 있다

계급전쟁 부자와 빈자의 이야기에 세계인들이 공명하고
'기생충' 오스카상에 기생하고
아시아주의적 담론 기생이란 단어에 열광하는 세상

수천 년 전 꽃들도 이곳을 지나갔을 것이다
한 문장을 기생시키기 위해 매일 밤 별빛으로 눈썹을 심는다
눈썹사이로 흘러내리는 갈색눈물 홍건하게 기생하는 밤

물위를 걷다

붓꽃 어우러진 연못
잠자리인가 바라보니 소금쟁이 미끄럼타고 있다
민첩하고 가벼워 사뿐사뿐 달리는 모습
나도 그만 소금쟁이가 되어 물위를 걷는다

있는 듯 없는 듯 수면 위를 요리하는 암놈과 수놈
곁에 두기 싫어 경계하는 짝에게 신호를 보낸다
나뭇잎이불 덮고
강물소리 깔고 오뉘처럼 자는 겨울잠

가느다랗고 긴 다리 표면 장력으로 버티는 슬픔
슬픔을 가슴에 묻고 춤을 춘다
버려야 하는 욕망으로 물 위를 걷는다
무슨 이유로 욕망을 담아 춤을 춰야 하는지

교만하고 건방진 몸 되고 싶지 않아 선택한 연못
물 가까이 가장 낮은 자세의 와불되어
봄 여름 연못에 업드려
정성 다한 보살들 공덕을 진맥하고 있다

>

옹기장이, 욕심장이, 말썽장이 놀림감이 되기도 해
북극이 한해에 줄어드는 빙하만큼 곤충들도 공멸하겠지
작은 피라미가 놀려대도 소금쟁이는 고독하지 않아
무당벌레와 함께라는 사실에 안심하고 있어

함께 노는 늑대거미 모메뚜기 작은파리 친구들이 있고
물결의 흐름만으로 먹이를 찾아내는 날센 촉각이 있어
물고기나 곤충의 체액을 빨아먹는 흡혈귀가 되기도 하지만
송장헤엄치개가 가장 두려운 존재이기도 해

발을 벌려 빙판을 걸어 다니는 가냘픈 선수 어디로 가야하나
소금쟁이와 무당벌레 함께 황홀한 왈츠를 춘다
지구가 우리에게 제공한 아름다운 새벽
소금쟁이 능선 따라 지리산에 가면 또 다른 세상이 있을거야

봄이 가렵다

입춘역이 지났다고 봄역이 아니다
살갗을 간지럽히는 훈훈한 바람 동장군이 화를 내는
겨울 성질 급한 사람들의 바쁜 발걸음 따라

경칩역 지나고 우수역 지나도 소식 없는 꽃
지나가는 바람결에 소식 기다리고 기다렸다
생은 기다림으로 시작해 기다림으로 끝나는 것

춘분역에서야 꽃망울 터트리는 연분홍 부끄러움
양지바른역에 봄까치꽃 파란 양지꽃
냉이 복수초 꽃따지 민들레 꽃들도 승차한다
역 기다리는 동안 순서라도 정한 듯

하늘 소식 적힌 다정한 말 붉다
꽃들은 일일이 악수하고
서로의 영역이라 소리 높인다
영춘화가 핀 남산역에서 봄을 만났다

창경궁의 붉은 벚꽃
토종은 귀하고 길가의 민들레 토종은 약하다

경복궁의 수양 벚꽃
조선왕조 수양대군이야기
서슬퍼렇게 들려와
선 채로 통곡, 붉은 눈물 쏟아낸다

어떤 벚나무는 입 꾹 닫고 귀닫고 눈감고
매일 매일 다른 모습으로 다른 이름으로
새롭게 피어나는 봄 장식품, 봄 노래, 봄 환희
지구혼을 빼는 꽃들의 잔치, 참 종류도 많다

봄역, 봄꽃이라는 눈물, 애간장 끊어진다

적기適期

인사는 기회가 있고 천시는 때가 있다는 말

천둥번개 몸부림치며 떠나기 싫은 여름
결국 노랗게 익어가는 바람에 밀려나고

고대에서 미래까지 거대한 자연소리

투발루 세계 최초 지구온난화 폐국 선언
물에 잠겨 나라가 통째로 사라질 위기
환경난민 된 투발루 국민
이웃나라 호주정부는 난민으로 받아들이지 않았다

브라질 상파울로 80년만의 가뭄
그린란드 북극의 빙하 녹는 속도 빨라지고
아이스란드의 화산폭발 제2의 폼페이로 익어가고
자바섬의 화산 화산재구름 항공대란
일본 사쿠라지마지역 화산폭발에 놀란 땅
3천만 년 동안 얼었던 빙하까지
지구변화 기후온난화에 자연이 엉키고 뒤섞여

>

어느날 갑자기 인류가 사라진다면?
자연은 스스로를 회복할까?
인류는
지금 행동하지 않으면 미래세대

홀로 나뭇잎 흔들리는 소리만 스산할 것

참

새상엔 참과 거짓이 동침한다
참나무 참나물 참외 참비름 참붕어 참치 참빗
참자가 들어가지 않는 것은 모두 가짜
사람들 기막혀 할 말 잃어도
허허참 그거참 헛 그참을 찾는다

누가 거짓을 말하지 않아도 참말을 찾는다.
참이란 말 참말로 참 많다
참쉽다 참어렵다 참그립다.
참게 참다랑어 참조기
세상은 참을 강조하고 거짓을 감싸 안는다.

졸참나무 물참나무 굴참나무처럼
두 번째 참이란 참이 아니다
포도주의 병마게 지중해산 참나무
아파도 참아야 하는 참의 수난시대
자생림에 참나무가 살자 소나무 자작나무 가짜 모여든다

이리저리 교잡으로 이룬 종류 많은 나무
아무리 많아도 참나무는 단 하나뿐

'참'자 하나 주워 들면 세상 것들은 모두 가짜로 몰 수 있다
참이란 가짜라는 말의 또 다른 말
참이 사라지면 가짜도 사라진다.

덤

강남 한복판 금보다 비싼 땅 양재역 사거리
호박 부추 파 콩 참기름 파는 할머니
어움을 깔고 앉아 달빛을 덤으로 팔고 있다

좌판에 시들어가는 야채들
누군가 자선을 베푼 할머니 가게
호박잎 1000원 쌍둥이 애호박 1000원
너무 싸서 관심 밖으로 밀려나는 강남 땅

호박을 살까
된장찌개 양념간장무침 애호박볶음 애호박멸치조림
눈에 그려지는 진수성찬 생각 무게는 쌓여가고
노인 주름 이랑으로 흘러내리는 근심

부추 사면 파를 덤으로
오이사면 깻잎을 덤으로
쑥사면 풋고추를 덤으로 준다
선심 쓰는 덤

할머니 정성으로 키운 야채 금값채소

제 값 받으시고 식구 적으니 조금만 달라는 말에
'공짜로 팔게 하는데 덤을 줘야 또 오지'
빈 땅 제공해준 주인의 음덕이 덤을 낳고 있다

덤이란 말 덤덤하게 받아들고
이걸 살가 저걸 살까
궁리를 요리조리 굴린다

덤을 주고도 기분 좋은 할머니
호박을 따라 집까지 온 덤
툭, 덤 한덩이 밥상에 떨어져 기쁨을 나눈다

입가리개

유령, 코로나19
불안 공포와 맞싸울 입가리개
알록달록 얼굴 가리는
공원 시장 제 멋대로 종횡무진 하는 종種
2.5단계 거리두기 하늘 높이 펄럭인다

장소 나이 남녀 모두
보이지 않는 것이 줄줄이 위협한다
어디를 가야 할지 무슨 말을 해야 할지 어떤 행동을 해야 할지
물을 곳이 없다 정답도 오답도 없는 세상
정답이 오답되고 오답이 정답되는 세상

잘난 사람 못난 사람
가장 낮은 자세로 무릎을 꿇리는 유령
교만은 가장 가까운 사람에게 적이 된다

척, 무척 잘산다는 말
잘난 척 아는 척 있는 척
꽁꽁 묶어서 무척 잘 살게 하려는 신
입가리개가 신의 수하가 되어 입을 가르치고

>

방역 수칙 위반 집합금지 명령
즉시 고발조치 몇 백만 원 벌금 무서워 도망가는
인간의 척을 세척하는 코로나
불가근 불가원不可近 不可遠 깃발 펄럭이고 있다

인간이란 말에도 사이가 있다.
새들은 떼를 지어 날다 앉을 때 날개만큼 간격을 두고 앉는다
새들 새 대가리라 욕하지 마오
꼭꼭 말을 닫아거는 입가리개

달밤

달은 양수의 바다
세상에서 가장 든든한 줄

한 달 내내
살그머니 창문을 열고
기다리는 달

부족했던 것
꼭 갖고 싶은 것
오갈 수 없던 슬픔까지
마음의 태반을 찢고 나와 벌러덩 누워

초현실주의 시에 작곡한 '달의 피에로'를 듣는다
가락마다 튕겨져 나온 멜로디
꿈속으로 들어와 파닥이는 물고기

나와 같이 보폭을 맞춰가며
고개를 끄덕이고
어깨를 어루만지고
지느러미로 비린내를 적셔준다

>

밤길이 외롭지도
무섭지도
쓸쓸하지도 않는 풍요의 시간
물속에서 눈을 뜨고 눈감은 나를 안내하는 물고기

옷감을 짜듯이
거룩하고 미려한 음들로 복잡하게 얽혀 불협화음을 내는
영원의 세계에 진입시킨다
후두둑, 봄비가 파랗게 번진다

만어석萬漁石

밀양시 삼랑진읍, 단장면 만어산 만어사에
미륵바위와 돌무더기바윗돌 숨죽이고 있다

용왕의 아들 수명 다해 길 떠날 때
인연따라 가다가 멈추라는 곳
무척산無隻山 신승神僧

왕자 따라왔던 물고기떼 크고 작은 무더기돌
왕자는 미륵바위彌勒佛像
종소리 품은 돌 두드리면
쇠소리 품은 종석鍾石 만어석萬漁石이라

소원빌면 이루어지는 무더기바윗돌萬漁石
아이 낳게 하고 결혼하게 하고
입시에 성공했다는 말 기도가 돌무더기보다 높게 쌓인다.

미륵바위 종소리
마음 파고드는 돌 울음소리
지금보다 더 깨끗한 지구 변화시킬 수 있을까

>

만어석 돌종소리
자국 선명하게 퍼지는 날
우주 속 생태계 살아난다면
지구는 팔딱팔딱 춤 추겠지

춤추는 북소리

흐릿한 달빛 아래 들려오는 종소리
새벽바람 휘감고 바라 춤을 춘다
강 약 느림과 빠름을 반복하여 그려내

신선이 된 아버지 달빛 타고 장삼자락 나부끼며
둥 둥 둥 우주를 흔들고
답답한 가슴 긴 한숨이 된다

바람은 가슴 타고 오르락 내리락
형체를 드러내지 않고 해결되지 않은 문제들
시간이 약이라고 방구석에 켜켜이 쌓아놓는다

산들바람 가슴은 수평선을 바라본
해수관음보살이 전해준 한 알의 감로수에 아버지 말씀이 들린다
'참아라'

천천히 천천히 자진발걸음 따라
버선코를 세우고 높이 들어 올린 다리가 고개를 끄덕이고
어깨를 어루만지며 자지러질 듯 그늘을 밀어내며 빛을 당겨준다

>

어둠 깔린 새벽이 외롭지도 무섭지도 않은
무아지경 되었다
꿈 한줄기 오간데 없고

수줍은 여인네의 볼 닮은 하늘이 붉어오고
말랑말랑한 상사화를 보듬은
신선이 된 아버지 실루엣으로 다가온다

아상 인상 중생상 수자상 색즉시공의 염불소리가 머리를 맑힌다

푸른 현기증

십이지 중 여섯번째 동물

한국사람 12분의 1이 뱀띠이고
월 일 시와 연관 있는 12분의 1까지면
삼분의 일이 뱀과 운명을 같이하는 존재

뱀 비늘 몇 조각만 붙여도
몸값이 올라가고
뱀을 지니면 부가 따라다닌다는 전설에
사람의 허리 발 모자 가방 온몸 어디에나 기생하는 뱀
사람들에게 초대받는다

아담과 이브의 설화
집 지킴이 은혜를 갚는 존재
복수의 화신
탐욕스러운 절대 악 어지러운 말들이 길게 꿈틀거린다

하늘로 승천하기 위해
허물을 벗으며 수도하여 용이 된 뱀
강화 보문사에 자리 잡았다

저승세계 악인을 응징하는 절대자
악한 사람 다시 뱀으로 윤회한다는 전설

재물을 가져다주는 수호신
효자를 도운 파란뱀이야기
두려워 하면서도 잡아 먹길 원하고
부정적이면서 영험한 신

둘로 갈라진 독 마름모비늘
몸속에 다리를 감추고 귀를 감추고
스스스스 배밀이 하는 저 긴 하루

관능으로 견디는 운명에 푸른 현기증이 인다

함께

벚꽃으로 이름을 날렸던 백양사
줄 세워 서 있던 아름드리 벚나무 쓸쓸하다
고사목 속으로 선태식물 뿌리들이 뻗어 가고
덕지덕지 붙은 푸른 옷 비명소리 내 귀에만 들리는 듯

햇살 잘 드는 따뜻한 아랫목
나무는 양분을 빼앗기며 떨고
생명을 이어 보겠다는 이끼들
남아 있는 무기질 양분을 흡수해야 살아가는

얼마를 버텨야 뿌리 내려 살게 될까
나무는 온몸 뒤트는 거부의 몸짓
살겠다고 붙으려는 뿌리
강한 힘을 통채로 내주고 말았다

기다리던 만남으로 포자낭이 형성되고
외롭고 슬픈 포자에게도 희망은 있어
무성아 컵에 무성아포자
온동네가 포자낭 속의 포자로 힘 강력해 진다

>

누군가에게 기대야 사는
기생벌 애벌레 붙살이로 사는 어려움

세상에는 기생벌 기생충 기생나비
털우산이끼 솔이끼 패랭이우산이끼 모여 모여
겉보리 서 말만 있으면 처가살이 하지 않는다는
사위들 한 많은 이야기 나누고있다

스스로의 기분이나 생각은 버려두고
오직 아양과 춤 노래로 환심을 사야 하는 기생의
애환과 기생하는 벌레들의 고된 삶

함께살이는 악어와 악어새가 아닌
쇠등에 앉아 피 빨아먹는 쇠파리다

저기 저쪽으로 지나가는

저 세상 조상이 이 세상 자손 찾아오는 날
산자의 복 위해 죽은 자 초대하는 날
더도 말고 덜도 말고 함께했던 그만큼 정성차렸다

엄숙 위엄 온화한 말씨 다정하게
유성룡 후예라며 도리를 힘주어 일러주시던
돌탑을 쌓는 마음으로 정성 한 접시 효도 한 접시 담아낸다

순수 혈통 주렁주렁 낳게 해달라고 대추 제일 먼저
3정승 되게 해달라고 자신의 근본 잃지 않게 해달라고 밤 두 번째
6판서 될 자식 낳게 해달라고 감 세 번째
우주 중심되는 자손 되게 하얀 속살 백의민족 자랑해 달라고 배 네 번째
제사상 가득 욕심을 차려 놓고 절 올린다

쌀 석 섬 주고 바꿨다는 귀하디 귀한 놋제기
돌아가신 분 살아있는 자손의 마음 속에 버티고
동그란 떡국을 동그란 맘으로 먹어야 부자가 되고
삐뚤어진 떡국은 마음이 삐뚤어진다는 말씀 밥상에 올려 놓

는다

해뜨기 전 대문을 열어놓고 복 기다리고
남보다 먼저 차례를 지내야 복을 받고
남자 첫 손님으로 들어오면 좋은 일
여자는 조심조심 근신
소리를 설빔으로 입고 자랐다

선달 그믐밤 12시 땡 할 때 삶은 달걀
식구 수 대로 한 알씩 문틈으로 받으면서
'만사형통' 기원하던 우리가족의 신앙

어른께 세배 형제끼리 맞절
뛰어놀며 널뛰고 연날리기 제기차기
담장 밖으로 댕기머리 넘나들던 세월 다 어디 갔나
민속도 풍습도 명절도 후미진 물소리 졸졸 흐를 뿐이다

불효 색

두근두근 빨강마후라
비행기 탄 영화배우 상상하며
빨강색이 내 마음을 사로잡았다

철없는 며느리 서른다섯 시아버님 77세로 돌아가시고 상복喪服 1년
어머님은 빨강색이 한점이라도 있으면 불효라고
검정 흰색 옷만 입으라신다

철없는 빨간구두가 앓기 시작했다
길거리 지나가는 빨강구두 춤추며 유혹하고
빨간사과는 먹으면서 빨강옷은 안 된다는 강요에

부모 돌아가시게 한 죄인
예전에는 시묘살이 3년인데
세월이 바뀌어 1년이니 얼마나 편안하냐고
엿가락 같은 말을 늘어 놓는다

빨강이 왜 불효일까?
빨강에게 빼앗겨 버린 마음은

죽음의 풍습을 거역하고 싶었다

빨강은 나에게 어울리는 색이 아니였다
상喪기간이 아닐 때 입지 않던 빨강
상중에는 고혈압으로 입고 싶었다

마음을 빼앗은 빨강
상이 끝나자 저 혈압이 되었다
한동안 가장 좋아하던 진한 쪽빛과 푸른색이 싫어지고
싫어하던 빨강이 좋아지던 그때

그후 어머니는 100일 상喪으로 줄어들었다
요즘 명상의 세계에 어슬렁거리다 돌아가는 준비는 딱, 3일
저 세상 불어 재끼는 풀피리 소리에 사방은 어두워진다

시간을 경전수레에 담다

두드리면
청동청동 울며 판을 떠나가는 청동판
허공 떠돌며 해탈을 꿈꾼다

중생 불쌍히 여긴 법문
영혼 천도遷度위해
관세음보살 관세음보살 법당을 구르고

끊임없이 소리를 키우고 있는 범종각
세게 때릴수록 큰 소리 둥둥둥둥 태어난다

세상 다스릴 경전, 변방에서 힘찬 걸음

환경 때문에 생긴 아귀지옥
다스릴 수 있기를

쉼표 찍을 시간 없이 쓰고 또 쓰면
마침표 찍는 날

잘 살았다 눈감을 수 있겠지

>

오늘도 한 점 한 점 찍고 있다

인연화

우연이 었다
작년에는 영광불갑사 금년에는 성북동 길상사
같은 날 상사화를 만나러 갔다

붉은 수술을 뱀 혀바닥처럼 날름거리며
요염한 자태를 닮고 있는 꽃 향 그늘에서
오래전 돌아가신 아버지를 만났다

뱃속에 맥박하나 던져놓고 떨어지지 않는 발길
제자리에서 저 꽃처럼 서성거렸을

꽃 같은 새색시의 뱃속 체온이 얼마나 뜨거웠을까
어쩌려고 혼자 피어 홀로 시들어야 했는지
해마다 반복되는 만남

잎이 지고 나서야 꽃대가 올라오고
꽃대 지고나면 잎이 스르르 나오는 숨박꼭질

대낮에 조등으로 피어 그악스런 독설을 수런거리고 있다
풋내나는 열매 떨어진 생엔

살아도 살아도 만나지 못한 슬픔만 넝쿨지고

살기 좋은 곳이라는 말에 희나리 진다
상사화냐 꽃무릇이냐를 놓고 잔치이름 타령하는
한 계절이 저 멀리 날아가고 있다
아버지 손가락 열 개를 구부렸다 펴본다,
세상에서 제일 예쁜 인연꽃

애벌레의 꿈

너는 오랫동안 아름다움의 화신이었다.
꽃 속 너울거리는 모습은
나비가 꿈을 꾸는지 꿈이 나비를 가두는지
장자도 끝내 알지 못하고 죽은 묘지는 아직도 살아 꿈틀꿈틀

애벌레 개미 유충 냄새로
개미집에서 호의호식하는 비밀
살아 있는 나무에 구멍 뚫고 그늘되어
여왕개미 시중 받아
개미를 속이는 숲속의 전략가로 거듭났다

알들은 풀잎을 부화시키고
풀에서 내려와 땅바닥을 어슬렁거리며
풀잎의 이슬방울을 약속했다
삼각형 머리는 피라밋을 만들고 허리는 에델 그레인저를 낳은
개미의 목구멍을 담보 잡은 애벌레

엄청난 먹성 가느다란 개미 허리가 휠 지경

개미는 페로몬과 소리로만 세상을 인식

여왕개미와 똑같은 소리의 애벌레를 여왕개미로 착각하고 보호한다.

23개월 동안 호사 누리며 고치를 만든 후
아름다운 나비로 탄생하면 짝을 찾아 날아간다.
짝짓기를 마치면 개미들이 잘 다니는 길 근처 풀잎에 알을 낳아
대를 이어 개미에 기생할 수 있게 알려준다

애벌레는 나비가 될 때까지 개미가 알아보면 안 되는 살얼음을 걷고
그들이 오가는 길목에도 계절은 조용히 지워진다
그들은 비극보다 연상인지 연하인지

발효

화가가 초벌그림을 말리 듯 구름의 변화를 기다리는 시간
사람 하나가 죽으면 지구 도서관 한 귀퉁이가
잘려져 나간 것과 같다고 누군가 한 말
고려장이 아들의 지혜로 사라지고
현대판 고려장이 성업 중이다

숙성과 발효는 장인匠人이 되는 길
서러운 꽃 한송이 방긋 꽃아줄 또 다른 나는 없을까
한 우물을 파야 샘물을 만나고
깊이 파면 팔수록 맑은 물을 만나고
더 깊이 파면 다른 이에게 물 파는 법을 알려줄 수 있다

나이만 먹는다고 연륜은 아니다
샘물 파지 않고 맑은 물만 먹으려는 안일함
바람이 햇살을 뿌리며
마음속 순회하는데
이리저리 흔들리다 겨울을 맞이할 게으름

화타가 진맥을 하면 사르르 녹아
동의보감에 있는 허준도 깜짝 놀라고

왕희지 추사가 백지를 휘갈긴 멋
세월을 덧 입혀 잘 숙성되어

장자의 소 가르던 포정의 칼솜씨
마음 비우고 하늘이 내린 결 따라 움직였을 뿐이라는 말

시詩를 쓰는 것은 닿소리 홀소리를 발효시키는 일

모아이석상

옛날 옛날 라파누이족에게 글이 있었다

해석할 수 없는 수수께끼
모아이석상 저 수십 구의 석상은 무슨 이유로

칼바람을 맞고
폭염속에 서서 조금씩 닳아가고 있을까

닿을 듯 말 듯 하얀 그리움
여기저기 꽃망울 펑펑 터뜨린다
하얀꽃비 빨간입술의 통곡

라파누이족 신비의 모아이석상
알 수 없는 전설만 날아다니고
입술 꼭 다물고 동쪽 하늘만 바라보며
라파누이족 지키고 있다

칸트와 니체는 도덕과 이성을 비판하고
부처는 왕좌를 버리고
새로운 것을 얻기 위함이라지만

모아이석상은 도무지 깜깜하기만 하다

긁을 수 없는 시간

빨리 오라고 재촉하는 눈

소나무 전나무도
같은 주파수로 목소릴 하얗게 분장했다
보던 책 덮어두고

달마저 하얗게 탈색한 밤
찹쌀떡 메밀묵이 골목을 걸어다녀
더럽던 것들 눈이불 덮은 밤이 깨끗하다

하늘은 더 깊어지고
어둠은 꽁꽁 얼어붙고
막연한 두려움과 무관심했던 일상
길게 늘어진 자국 자국

살아있는 동안 누군가의 발자취를 답습해
걸어야 하는 먼 먼 길
바퀴 굴러가듯 한 순간의 흔적
어데로 갔을까

>

말할 수 있고
답을 들을 수 있는 눈 표정 모두 읽어

태어난 순간부터 움직이고
끝없이 걸어가는 걸음
누구를 따라 걷느냐 누구를 좇아가느냐
인생을 결정하게 될 줄 걸어보고야 알았다

신이 만든 세상

정월 대보름 새벽에 더위를 팔았건만
내 더위를 산사람도 판사람도 없다
이름 불러 대답하면 공짜로 팔았건만 아무도 내 더위를 사가지 않았다.

겨울에 뺏긴 속빈 몸
나물, 밤, 호두,
귀밝이 술,
달빛에 싼 오곡 복 쌈
튼튼한 오장육보 만들어
여름 잘 넘기라는 보름달을 양껏 마셨다

입하가 지나면 발끝으로 오고
하지가 되면 더 가까이 와서
바다 계곡 먼 곳 찾아 길 위를 서성인다

바짓가랑이 올리며 익어가는 계절을 맞고
보신탕의 원망소리에
푸른 열매 무리지어 피어난다

>

번개 천둥 소나기
모기 파리가 끼리끼리 웅덩이를 메우고
하루살이 한낮이 지루하다

쌀 속 바구미 쓰레기더미의 초파리
매일매일 벌레들의 새끼까는 소리와 날개짓 지구를 흔든다
신의 선물이 소리없이 신이 만든 세상을 뒤엎는다

낮은 곳에 매미집을 벗어놓고
높은 나무 위에서 땅속을 그리며 울어대는
뜨거운 하루 시원하게 빗줄기 쏟아지는 매미울음 현기증이 돋는다

2부
나무 木

나무요양원

어둠과 빛을 기르는 나무
쓸모없는 쓸모를 만든 진화
'살아 진천 죽어 용인'이라는데
진천도 용인도 아닌
어정쩡한 고려장이 성행한다
앞날을 당겨보는 눈 없는 젊음
살아 쓸모가 죽을 만큼의 쓸모도 없는 시대

정
손때
익숙함
마음
한꺼번에 매장당하는 고려장
영혼 감금당하자 서서히 시들어가는 몸
표정 없는 나무요양원엔
눈 깜짝 할 새들이 모여 사는 곳

걸음
팔
어깨

정신
모두 날아다니는 눈 깜빡할 새를 바라보며
저승 가는 시간을 당기고 있다

다시 돌아가지 못할 시간들
자전 속에 남은 속도를 채우고
돌아가기엔 너무 멀리 건너온 시간

체념 사이로, 새 한 마리 공중을 날아오르는지
푸드득, 머리에 회오리인다

소小나무

小나무는 균형이다

좌의정 우의정을 양쪽에 세우고
꼿꼿하게 감시하는 눈 부릅뜨고
서릿발 같은 푸르름으로
세상을 굽어본다.

바늘 쌈지에서 바늘을 골라
조심스레 날개를 깁는
새들
작은 영혼은
스스로 움직이지 않으면서
가장 빠르게 가슴을 휘어잡는다

숭배란 말이
송화가루처럼 펄펄 날리던
솔기터진 말들 떨어져 갈비가 되고
계륵鷄肋되어 한숨짓는다

小나무 작다고 놀리는

대나무

흙 밀고 나오는 소리 숲 흔들고
균형을 맞추지 못한 대나무는 두 발로 걸음 연습이 한창이다.
잘난 척 많은 척 아는 척 척들 모두 고통을 동반하는 것

아찔한 현기증

죽음의 맨 마지막에 닫힌다는 귀
귀의 신음소리에
우리가 쓴 1회용품들이 입을 벌리고 인류 공격하면

지상엔 단 5분도 버티지 못하고 지하로 들어가야 할지
수천 층 높이 탑 쌓아두고
맑은 공기 마시러 내려오거나
지하 어두운 곳에 방독면을 쓰고 살아야 할지 모른다

비 오지 않고 모래사막 달구는 땡볕만 요사스러워
생명 있는 모든 것 사라져
지구 부검하면 초승달처럼 섬뜩한
푸른달빛 푸른우아함 푸른위엄 푸르름이 물결치는 지구
들어보지도 겪어보지도 못한 고통 겪는 푸르름

거리 유령들
모래사막 달구는 뙤약별 삼키고 자욱한 울음
붉은 바람 마시는 숲에 스며든다

시들어 가는 꽃 신음소리

최후의 궁리로
수치스런 생각을 마비시킬 미래

포장에 포장을 더한 거짓세상
진실 사라지고 진실 포장하는 거짓쓰레기만 남았다

인간의 몸 지구의 몸 나무의 몸 프라스틱 되어간다
조물주는 인간을 만들고 인간은 프라스틱 만들고
지구 프라스틱 뒤덮으면 인간도 프라스틱인간 될

방안의 코끼리*

지구온난화로 가라앉고 있는 우주공화국

따뜻해진 기후 차가운 무관심
방 안의 코끼리 모두 쉬! 쉬! 쉬!
눈앞 이익에 눈앞 깜깜 보이지 않는

세계기후총회 석탄 석유 천연가스
'화석연료 비확산조약' 요구하지만
이미 지구 냄비는 끓고 있다

달궈진 지구가 인류를 다 삼킨다 해도
눈 깜빡 않고 앞으로 앞으로

세계 각국에 나타난 위기
지구온난화 해수면 상승 국토 잠길 위기

기후위기의 희생자와 가해자 누구일까?
화석연료 억제하고 재생에너지 전환하고

지구 연평균 기온이 섭씨 1.5도 넘게 상승하지 않도록

생산을 줄이는 욕심의 중독에서 벗어나야

신음소리 점점 수위 높아가는 지구
누가 지킬까?

* 모두가 잘못됐다는 사실을 알면서 후폭풍과 책임이 두려워 언급하지 않는 커다란 문제

무심한 나무

창밖에 분홍그림자
그림을 그리고 있다

씨 속 아름드리 나무
잎을 피우고 꽃을 피워
시간을 굴린다

질박質朴, 質樸이라는 말에는 부끄럼이 산다
무심한 나무박동도 뛰는
다듬고 어루만지고 혼을 넣고

끝없는 변신으로 만물을 기만한다
살아있는 나무에 붙어
겨우 살아가는 겨우살이열매

깨트리지 않으면 새로워질 수 없고,
꽁꽁 가둬야 번데기 되는 애벌레의 꿈
알 깨고 나와야 병아리가 되듯
세상 모든 일은 스스로 깨고 나와야 한다

>

지금은 코로나로 얼룩진 세상
새로워지지 않으면
꼬리와 날개 지느러미를 달고

새 세상 진화바퀴를 굴릴 수 없다

숲 공동체

나무 벌레
지렁이 곰팡이 미생물까지
함께 사는 숲

황무지였던 땅
초목들이 옥토를 일구었다

꽃 피우고 열매 맺고
갖가지 색으로 익어가는 공동체

서로를 부양하며
쉬지 않고
돌고 도는 순환의 숲
구름이었다 빗물이었다 안개였다

초목 되고 곤충되고 흙이 되어
지구숲 된다

아프리카

기아 속 아이들
초기의 자원 다 어디 가고
참혹한 아프리카

가난과 결핍 고통
씨앗을 터트리고 꽃을 피우고
끊임없는 불행만 성성 자란다

선인장 가시 사막을 지키는 전령꽃
풀잎에도 꽃잎에도 가뭄이 뚝뚝 떨어진다

숲은 과잉생산 과잉소비 과잉폐기로 사라져
균형 파괴를 불러온다

가이아의 능력으로
음양오행의 조화를 맞추고 푸른 숲 일렁이게 할 수는 없을까?

죽어서 흙 별 물 바람이 바람 물 별 흙으로
이름 바꾸며 돌고 도는 질서

낡은 하늘을 부숴 새로운 세상 만들 장인 없을까?

배꽃

눈 하얗게 세상 뒤덮는 날
길 멋있다고 날아온 카톡
온 산과 들에 눈꽃융단 깔아놓은 강원도 인제
카톡에 새빨간 거짓말 늘어놓은 경치

길만 뺀
동화나라가 하얗게 건설되었다
인제 가면 언제오나 북망산천 슬픈노래 눈꽃되어 쌓이고

흰 모자 쓰고 눈 맞으러 나갔더니
눈도 모자도 욕망이더라
욕망은 정상에 오르려는 파란습관
맨 위 군림하려는 모자마음

눈은 모자의 군림도
욕망도 하얗게 지웠다
아무리 높이 올라가도
더 높이 덮어버리는 눈

하얼빈 길도 덮어버린 눈

12명의 의용군 손가락 자르며
이토히로부미 사살하려는 조선독립의병대장 안중근
조선독립을 꿈꾸던 열사들의 함성
대한독립 만세 소리 눈을 덮고 있다

나라를 피로 건진
아무리 높은 곳도 하얗게 덮는 눈도
애국정신을 덮지는 못했다

온 산과 들에 눈꽃융단을 깔아놓은 위로
나라를 건진 잘린 손가락들이
동심을 즐기는 후손을 보며 박수 치자
배꽃이 화르르 등불을 켜고 있다

금강송

봄바람에 살랑살랑
금강송 옷 벗기 시작한다
초경같이 예쁜색 향기 휘감고
가던 발길 멈추게 한다

사자의 눈으로 이리저리 살피는
나무의 몸통
대목수의 눈길에 들면
날카로운 도끼날에 여지없이 찍힐
물오른 도화색

창경궁 한쪽 기둥으로 점지點指 당해 찍히고
경복궁 석가래로 지목 당한
양반집 서원에 상량대 되고
남대문 기둥된
대목수의 눈 피할 방법 연구하는
소나무들 춘양목, 황장목 이름도 많아
금강송이란 이름 하사받은 건
하늘기둥 되라는 것

>

봄 물어 날라 잎 줄기 물들이고 하늘 찌르니
바늘 같은 솔잎에 향기 머금어
물소리 파랗게 물든다
파란 물소리 철철철 흐르는 나무

강물소리 잘라서
시집가는 새색시 혼수 지어
봄 기다리며 서 있는 외발
하늘 떠 받치며 하늘 하늘 숫바람을 부르고 있다

나무의 방언

나무열매들이 말을 배운다
동글 동글 배우는 방언

저 농염한 말
색색의 말 익어 떨어지면
땅에 떨어져 스며들고
곧 눈으로 덮힌 나라 열리겠지

인고로 쌓아 올린 탑의 무게만큼
나만의 언어로 주저리 주저리 열렸다 떨어진 상처
소독약 바른다고 치유될까

몇몇 방언들 나무 흔들리는 걸 보면
애 간장 다 녹는다

말 다 떨어진 나무엔
바람도 불지 않는다

프러그 꽂지 않아도 36.5도의 체온을 유지하는
사람 몸 속 혈관은 전기선이다.

>

늑골 사이 전기선 때문에
선채로 살아야 하는 나무
떨어진 방언들

또 다른 방언으로 태어날 때를 기다리며
고요히 부풀고 있다

3부
불 火

공허

아프가니스탄 폭설
인도 폭염 대홍수
유럽 500년 만의 가뭄
이라크 모래폭풍
미국 서부 가뭄 산불
케냐 아프리카 소말리아 멕시코 가뭄
나이지리아 홍수
중국 61년만의 최악 가뭄

지구가 뒤집히고
튀르기예 지진
파키스탄 북부 빙하 녹아 인더스 강 불어난 물

고통받는 지구가 사라지면
생명은 어디서 살아야 하나
욕망을 위한 욕망
세상의 끝

두 몸이 한 몸 되어 양분을 나누는 연리지連理枝
서로가 서로를 살려내는 나무

지구의 신음 허공 가득 흩어진다

불소리

어둠 속 나침반 찾으러 간
절 마당엔 불소리 날아다닌다

석가모니불
아미타불
비로자나불

염불소리 바닥에 수북 쌓이고
천장에 불길 빽빽하고
자불자불 흔들리는 촛불

꽃불은 사람의 마음을 다 태우고
산불은 지구 심장을 다 태운다

법당 가득 채운 향
성불할 때를 기다리고 있다

눈먼 본능에 스스로를 내맡기고
절마당에 엎드려 절하려 줄 서 있다

>

가출한 중생 구하는 석가모니불
모든 소원 이룬다는 기복祈福불
반야심경 염불소리 환해진다

땅속을 뒤집는 불
산과 나무 벌레까지 태우는 불
열기를 품어 내는 활화산

뜨거운 불 밝히는 미륵불 언제 오시려나
불경스런 불경 한 줄 외워본다

성불꽃

산수유 매화 바람꽃 복수초엔
살랑거리는 가슴이 살아있는 의성의 봄
사시나무 꽃샘바람 아직 떨고 있지
꽃술 수줍어
노랑물감 옆에 끼고
피어라 피어라 부화시켜
떼로 날아오르는 노랑나비

산수유, 물은 흐르고 흘러 단군신화에서부터
전해온 노랑전설
의성 양기陽氣, 동네처녀 심장 두근반 서근반

새파란 삼한시대
조문국의 역사 기록하지 못해 슬픈 왕
경순왕의 영혼 왔다가
흔적 남기고 싶은 소망이

노랑불꽃으로 피어나 번지고 있다
조문국의 고인돌
무덤 속 왕관으로

벽화를 걷고 있는 공룡
교과서에도 실리지 못한 신라 이전의 나라

의성에는 산수유 마늘 아닌 조문국사람들이 살고 있었어

불타령

여기저기
너훌너훌 불춤 소식이 들려온다

아주 적은 씨앗에서 태어나
못 가는 곳도
겁나는 것도 없이 날뛴다

불! 불! 불!
불춤에 놀아나는 소방수
진압에 온 힘을 쏟아도
훨 훨 훨
이산 저산으로 널뛰듯 번져
공중마져 다 태워버린다

산짐승들
이리 뛰고 저리 뛰다
온몸을 태운다

가뭄엔 기우제를 지내면서
산불엔 조심제 지내면 안되나?

진달래 황매산 철쭉
온 산 분홍빛 꽃불 봄타령이나 해 볼까

꽃불은 사람의 마음을 다 태우고
산불은 지구 심장을 다 태운다

산불

강원도 산숲에
무서운 바람이 분다

걱정이 바람에 실려와
작은 불씨 속에서
수천 억 그루를 삼켜버리는 불꽃이 태어났다
모아둔 식수도 비상용 물도 불길을 제압하지만
고목의 비명
동물들의 아우성도 숯덩이가 되고 말았다

폭포를 끌어다가
불을 끄다가
하늘 저수지를 개방해 불을 껐다
온몸이 까만 숯덩이로 변해 소리쳤다
내 소리에 내가 놀라 눈을 뜬다

뉴스에서는 강릉을 강타했던 바람과 화력 꺾이지 않아
주민들 대피했다고 아무렇지도 않게 떠들어 댄다

고통 충격 단절 불길이 인간에게 주는 벌이다

세상일이 물속에서 건져올린
숯덩이 같이 까만날
허망꽃 향기에 취해
허죽 허죽 허파에 든 바람을 뱉어 낸다

어디로

새벽 안개 타고 생태시 한편 건지기 위해
알 수 없는 공간을 향해 달린다
이 세상에 없는 무릉도원
복숭아꽃도 보이지 않는 선경仙境

또르르 말린 쑥개떡 우주 하나를 먹는다
유년에 보았던
소꿉친구 흉이 쑥떡쑥떡

내린천, 38대교 난간에 새긴 산천어
하늘로 하늘로 뛰어 오르고 있다
산천어 잔치를 피해
다리 난간까지 뛰어오른 물고기
생명을 담보로 잔치를 여는 인간

난간에 박제되어 비린 숨에
억울하게 생을 유린당했다며
인간 경멸하는 소리 출렁인다.

오류에 젖고

개연성 없는 인간머리
균들이 인간 잔치 열면

어디로 피신할 것인가

가시

단맛 나는 속살 여물 때까지
가시를 보초 세우는 밤송이

한 몸에 암수를 두고
간절한 염원으로 만나는 밤
그래서 그의 이름은 밤이다

서로의 만남이 끝나면 온몸 늘어져
온 들판 비릿한
벌 나비 바람의 손길
봄등을 끈다

천상으로 헤엄치는 현란한 춤
온 봄 불사르고 종족본능 위해
지극함으로 한 알 한 알 키워, 가시집을 짓는 저 신통

한때는
가난을 심었던 밤나무
비릿한 향기 흐드러질 때
보릿고개

하루해는 강물 길이만큼 길기만 했다

밤꽃 향기 날리면 바람났다는 소문이 물레방아를 돌리고 있다

풀의 고백

햇빛, 바람, 물
거침없이 피어오르는 정열
논, 밭, 마당에 떨어져 싹을 틔우는 순간
뽑힘 당하거나 제초제 마셔야 한다

바람이 데려다주는 곳이면 어디든
정착하고 뿌리를 내리고 꿋꿋이 살아남아도
잡초라는 이름이 붙는다

인간들 잣대로 독풀이거나 약풀이거나 정한다

푸른 소리가 쑥쑥 자라는 계절
한번 뿌려진 제초제는 수년 동안 독성이 남아
식물 죽이고 곤충 죽이고 땅을 죽인다

풀풀풀 날아오르는 푸르름을
검은 비닐 씌워
생각의 울타리를 가두어 버린다

당연하고 습관적으로 생각하는 제초제

덜덜덜 덜 뿌리고 덜 사용하면

땅 살고, 풀 살고, 곤충 살고, 친환경 되고…

인제麟蹄의 하루

황태덕장 빈집
들락날락 겨울을 세고 있는 바람

한때 바다를 주름잡던
산과 산 사이사이 헝클어진 구름
너울너울 살풀이 춤 추는 안개

강원도 홍천 화양강
휘어진 강줄기 따라 회색 두루미
화양연화의 8첩병풍 둘러놓고
철새 불러모은다

불꽃처럼 피어나는 지구온난화
우주가 맵다고 종일 맴맴거리던 매미
다 어디로 이사갔을까?

나무를 씹어서 숲을 보호하는
생태계균형 곤충해결사
파수꾼

>

먹이사슬 사라지면 어느 지구로 갈까?
습관이 만든 이상지구
돌처럼 굳어버린 습관은 누가 깨나?

벽 두려워 벽 안에 살면 습관
안에서 깨면 병아리, 밖에서 깨면 프라이
낭비와 절약 사이를 중재해
어루만지고 쓰다듬고 토닥여

지구 살리는 손가락꽃 여기저기 필까?
기린 발굽같은 생각이 뛰어오르는 밤

불로장생

오랜 염원의 장수長壽는 꿈이었다

서왕모* 동방삭이
한무재
진시황
옥황상제는 예외를 두지 않았다

숯이 하얗게 될 때까지 기원한다고
꿈, 이루어지는 꿈이라도 있을까?
인간은 복숭아 꽃을 보며
복숭아를 먹으며
복숭아 진을 바르고
복숭아잎으로 피리를 불며
환골탈퇴換骨脫退 해 죽지 않고 살기를 바랐다

천상에서도 신선들만 먹고산다는 과일 복숭아
제사상에도 나누지 않는다

선녀가 되고 싶어
십이선녀탕 만들어 놓고

선녀들에게 비밀을 캐려는 인간

가장 꼭대기에 복숭아 탕을 만들어 놓고
복숭아의 비법으로
불로장생을 꿈꾸는 인간

* 도교에서 신선을 지배하는 최고의 여인

기적도서관

궁정과 부정이 나란히 어깨를 견주는 곳

인제 가면 언제 오나 원통 원통해 하던 인제에
세계인이 몰려드는 기적이 일어날 조짐이 보인다
빈곤이 희망을 낳고
원하면 통하는 동네가 되었다.
내 마음속 원하면 통하는 통이 있고
원해서 통하는

기적을 잉태한
곰이 하늘로 배를 드러내고 누운 곰배령

보이지 않는 가위로 한 계절을 잘라 또 한 계절을 잇는 神
희망을 오려내어 절망을 덧대어 깁고.
절망이 너덜거리면 또 희망을 덧대어 깁는다.

처음 동화를 접했던 중학교 도서관에서
소공녀 되고 알프스 소녀가 되었던 희망이 꿈틀꿈틀자라
기적에 이르는 책들이 모여든 기적도서관

>

지구 전체로 통하는 길
80억 인구 구하는 대장정의 길
인제에 다 모인 걸 인제사 안 뱅충이

길 열리다, 기적의 길

4부
흙 土

모래의 다짐

비린내 파도 속에 숨어있고
어둠은 밤마다 끙끙 앓고
영혼제를 지내는 등대

천사가 손바닥에 받아 하늘에 뿌린 황사 비
만선의 꿈을 위해
몽돌몽돌 울던 몽돌

가시 겹울타리 치는 물고기
파도의 푸른 힘줄이 선다
물주름에 앉아 울어 제끼는
어린 물고기울음을 묻어주는 모래

문어발처럼 경계를 지우는 자연 인지능력
상어에게 먹힌 발 자랄 때까지
바다는 구름을 싣고
밀려온 대포항 대포는 없고 여인의 울음소리 들리고

모래는 처음부터 우주였기에
이 모두를 품고 생각한다
오봉산 낙산사 피뢰침보다 더 날카롭게 살아가리라고

끝없이 걷는 길

안개비 내리는 길

갈 곳 몰라
방황은 우후죽순처럼 자라났지

벼랑길인 줄 모르고
잠깐 헛발질에 나락
어둠과 씨름하다

현재를 알 수 없어 걷고 또 걷고 끝없이 걸었지

뱃속에 너를
안아주고 무등 태워 하늘길 열어
환하게 길 열어주고 싶었지

손잡아 꽃 마중 가고
모래밭에 모래성 쌓고
비틀거리는 발걸음 잡아주며
네 가슴을 해맑은 웃음으로 달래주고
붉은 향기를 키워주고 싶었지

>

매롱 매롱 혓바닥 내밀며 말배울 때
배롱 배롱이라 잡아주고 싶었지
비가 가고 싶지 않던 길
피할 수 있게 꽃길만 알려주고 싶었지

어둠 속에서 길 잃고 헤매다가
선비들 글 읽는 소리에
몸만 자꾸 문질러 맨질 맨질 한 살갗을 가꾸었지

새 한 마리 푸두둑, 엉킨 생각을 날렸어

개망초 소문

쳇바퀴 다람쥐를 돌린다
다람쥐, 돌리는 바퀴 현기증 나고
금쪽같은 폐골판지 금쪽처럼 모은다

수레는 안간힘으로 바퀴 지켜내고
죽은 다람쥐
밤마다 하늘화판에 그린 집
우주에 떠다니는 꿈

하루치의 노동은
폐골판지보다 남루하고
숫자보다 먼저 붉은 꽃을 피우는 혓바닥
집이란 말은 저 멀리 늘 그 자리에 있고
무료급식소는 갈수록 호황을 누린다

노동은 평생 개꼬리처럼 흔들흔들 따라다니고
인생예보는 늘 빗나간다
한여름 더위에 폭설 내리고 온도는 끝없이 높아 빙하 녹이고
폭우로 산이 바다 되고 바다가 산이 되는
쓰디쓴 맛 달콤하게 익을 생각조차 않고

>

갈수록 내생의 기상이변은 예측 불가능한 쪽으로 달려가고
개망초 소문만 무성하게 피워내며 종일 우주를 돌리고 있다

협의가 없어 처벌도 못하는 노른자는 늘 노란짓으로 살아간다

모양牟陽부리*

극락왕생한다는 윤삼월 초엿새
흰옷 차려입고 머리에 돌인 여인들 성곽 걷는다

북망산 저승문이 열린다는 윤달
성 안팎의 생과 사 성聖과 속俗 미美와 추醜 혼재하는
단종 즉위한 1453년 축조된 답성놀이 성밟기

모양부리,
연둣빛 출렁이는 청보리밭
그림자 살랑거리는 봄바람

9월 9일 중양절
성안은 하늘로 올라서는 관문
불교의 탑돌이 다리밟기

동서북의 세문甕城에
여섯 개의 치성雉城 쌓고
성밖의 해자垓子
성 둘레 1684미터 호남 내륙을 수호한다

>

전라우도
전라좌도
19개 현에서 온 인부들 이름과 축성년도 새겨

한바퀴 돌면 다리병 낫고
두바퀴 돌면 무병장수하고
세바퀴 돌면 죽어서 극락 간다는 공달(윤월閏月)의 기도

겨우내 얼었다 녹아 갑자기 허물어지듯
소원도 녹아 물처럼 흐르는 지역잔치

* 고창의 옛지명.

호미생각

땅파던 호미가 생각한다

지금까지 무엇을 이루었나?
남은 삶 동안 무엇을 이룰 것인가?
계속 살아야 할 이유를 어디서 찾아야 하나?

내가 확신할 수 있는 것은 무엇인가?
잘 쓰여지기 위하여 집중하는 일
집중이 성취가 될 수 없다

곡식 키우기 위해
정성들여 뽑아낸 잡초 골라낸 돌들
다 닳아 없어지는 날까지
호미가 되고 싶지는 않다

구름 바람 메아리
종소리도 불기운으로 퍼져나간다

10방 세계 후천의 말 십—
죄는 죄대로 벌은 벌대로

구름도 땅도 소리도 물도 불에서 태어나
법당의 오백나한되어 염불한다

선천의 말 후천의 소로 갈아타기란
몇 억겁의 선善이 필요할까?

불을 캐던 호미는 밭에 누워 녹슬었다

개구리 이력서

화음 맞춘 연주회
물 속 가득 넘실대던 풍요
문방구 장난감으로 팔려나갔지

올챙이 자연학습을 파는 장사꾼
아이들 순간의 놀이재료 생명 팔고 사는 학습
언제고 싫증나면 장난감에 내어줄 파리목숨

앞발 잘 비비며 목숨 유지하는
파리목숨 같은 올챙이 뒷다리 수영하는 날
숨겨진 뒷다리 쭈욱 뻗지

연못은 그대로인데
수선화 싸리꽃 창포 차례로 피고
개구리 울음소리 여운만 남아
한 두마리 존재만 알릴 뿐
올챙이 시절을 잊었지

이 봄 다독여
무심히 보낸 한심했던 나를 위로해

어둠 짙은 달빛소리 비오는 날 개구리 찾지

꾀꼬리와 따오기의 노래자랑
황새에게 바친 뇌물 따오기의 승리가 부끄러워
공부해도 벼슬 못해
자나깨나 글읽는 성균관 개구리 선비의 심정을 위로한다

빛나는 세상 향해 한 침 날릴 패기
부패 꽃은 썩은 향기를, 정의 꽃은 향기를 피운다
개구리 이력서에 이렇게 적는다

모래산

날마다 변하는 산

바람은 순간순간 산을 움직여 놓고 하늘의 심판을 기다린다
하룻밤 사이 커다란 뾰쪽산 되고
잠깐 사이 평평한 평지가 되기도 하고
요술 부리고 막강한 힘자랑 한다

가로 세로 강약
가벼움과 무거움
직선과 곡선을 마음대로 그리는 끝 없는 사막

단 한 순간도 쉬지 않는 들숨과 날숨
어제의 날숨이 오늘 부고로
창문에 바람을 일으킨 들숨
카톡, 카톡 회오리 친다

하늘 저 끝까지 달려 가 보고픈 고도와
저 끝에 무엇이 있을지 의구심만 드는 저도
막히기도 뚫리기도 하며
고도와 저도는 끝에서 끝까지

목표 욕망 꿈꾸며 매일 변신중이다

나미비아 붉은 모래사막
나미브사막의 사구는 안개바람이 만들고
상의를 입지 않고 사슴가죽의 모자를 장식한 힘바족이 모여

누가 와도 음식을 나누며 삶을 노래하고
모래바람은 끝없이 앞만 보고 달린다

모든 것을 눈먼시간으로 만들어 버리는
사막으로 끝없는 날들이 익사했다

한글 말글

우주엔 자연의 소리 있고
우리에겐 자연의 소리를 기록할 글이 있다

이두 향찰 구결은
한문을 읽는 기호 약속일 뿐

세종대왕은 백성들의
답답함
억울함
서로 마음을 전할 글 찾을 수 없어
밤 새워 고민고민
집현전 학사들
몸에 맞지 않는 옷
어렵고 불편했던 옷 벗고 우리 옷으로 이루어진
우리글 24자
위로 아래로 옆으로 붙이고 이어가면 무한무한
말이 글 되고 글이 말 되고

어려운 말 쉬운 말 소통할 수 있는 세종대왕의 선물

슬기로운 사람은 아침나절 깨우치고
어리석은 사람도 열흘이면 배울 수 있어
왕부터 노비까지 쓸 수 있는 계급 없는 글

원 점 선
간결하고 기하학적이고
발음 기관을 관찰한 천상의 문자

세계공통어 영어를 가진 영국국왕찰스황제 3세는
'미래에 어떤 새로운 문자를 만든다 해도 한글 같은 글은 만들 수 없다'
한글 극찬하고 UN에서 세계 제2공통어 공식 지정받으니

한글꽃 세계로 쭉쭉 뻗어나가 열매 맺는 날 오고 있다

견뎌내야

초록잎보다 한 발 앞서
풍악을 울리며 서둘러야 했다

초록세상이 숲을 덮기 전
꽃샘바람 밀어내고
바람 품고 도를 닦으며 옷깃 여미는

분홍빛에 안착하기 바쁜 욕심만 앞서가고
숲이 부르는 숲속열차
지나가면 소용없는
순환열차의 속도를 이겨내야 했다

아무도 넘보지 못한 고고한 신성
수컷 불손함으로 침범하지 못하게
차례를 기다리는 꽃들의 출발선에서
진달래는 살을 에이는 아픈바람 견디며

분홍은 어린아이의 볼에 피는 심장꽃
복숭아의 농익은 성숙꽃
잘 버텨온 노인의 무르익은 홍안꽃

>

천둥 번개 비 꽃바람 다 지나가야

바람 영글어야 하늘나라에 간다는
운명처럼 내려앉은
신비로운 우화 같지만
지구의 환경 지킴이를 위해서라면 견디는 일쯤은
웃어넘길 수 있어 활짝 핀 진달래

풍악소리 진달래의 영혼을 움켜쥐고 봄을 피워낸다

지렁이 춤

안개비 땅은 부드럽고 향기로웠다
향기로운 흙냄새 살금살금 나온 세상
아차 밟힐 뻔
겁 없이 놀란 호들갑이 빠르게 찾아가는

재잘거리는 새들 짝 찾기 두렵고
두 눈 부릅뜨고 달려드는 날카로운 부리 피해
한 줌의 흙 되는 일 지수화풍地水火風이라

세상 구경하고 싶어 꿈틀꿈틀
자락자락 자락비 살 살 살 온몸 흙 털어내
흐느적흐느적 느리게느리게 환희의 춤추며

땅 속 어둠컴컴 했던 곳에 살던 청맹과니
어둠을 벗어나 햇빛 쬐는 시간
지수화풍 견디고 나니 사방이 무서운 지뢰밭이다

초록잔치 반짝반짝
피어나는
빨강 노랑 분홍 꽃들

세상을 위한 것이라 우쭐대지만 눈이 부셔 땅 속 찾아 간다

땅에서 태어나 땅으로 돌아가는 어미의 품
하늘에 있다는 천국
땅 위에 잘 가꾸어진 지상천국
천국은 하늘에 있지 않고 지상에 있다는 걸
사람들만 모르지

구중궁궐 어디로 가야하나
땅속 집 찾으러 헤메는 지렁이의 독무獨舞
목화토금수 오행 중의 중앙 50토를 찾아

꿈틀~~ 꿈틀~~ 꿈~ 꿈틀
어두워도 살던 땅속 집이 최고인 것을

5부
바람 風

재생

아름다움으로 사랑받는 존재
나를 필요로 하는 곳 여기저기 있기를 간절히 바랐다
언젠가 수명 다할 때, 혹은 남은 수명이
쓰레기장 귀퉁이에 버려졌을 때

꼭 필요한 것은 특별한 존재라는 것

어떻게 하면 특별한 존재가 될 수 있을까
하늘에 기도하면
아침 이슬 맞으면
달빛을 요리하면

쓰레기장 아이들의 하루는
버려진 생을 주워
식구의 하루를 해결하는
절망에서 희망을 줍는 것

재활용품
변신에 변신을 거듭하면서 재활용된
지구상에 남아 쓸모없는 쓸모가 되어

흔적 남기고 싶은 작은 소망 이루어지는 날

아~ 무채색이거나
맑고 깨끗하게 쓰인 물건들만 쓰이고
쓰레기장에서 삶을 줍는 아이들도
색깔이 알록달록 합성된 나 거들떠 보지 않는다

다시 살아서 구제받은 깨끗하게 버려진 비닐
요술방망이 첨단 소재의 재료
실 실 실 기능성 고급옷감으로 재생
쓰레기는 쓰레기 아닌 보물이 된다

나에게 아름다운 색깔이 입혀지지 않았다면
누군가의 멋진 옷이 되어 하늘을 날아 볼 텐데

개밥바라기 꿈

집 밖으로 한 발 내딛는 순간
무서운 바람 몸으로 파고 든다
바람은 똬리 튼 뱀처럼
아담과 이브를 유혹해 선악과를 먹게 할

호랑이의 숨결, 용행호보龍行虎步하거나
맹수 발목잡는다
선악의 날카로운 이빨로
세상을 판결하는 것처럼
삶은 냉정한 것이라고
간을 떼어두고 다니는 토끼의 지혜
느림이 빠름을 이길 수 있는 느림미학
모두 바람의 지혜에서 나온 말

바람 그물망에 걸려 파닥이는 풀벌레 울음
따뜻한 바람 타고 왔다갔다 사는 제비
줄자도 망치도 없이
정교하게 지은 집엔 노란 별이 자란다

지붕 없는 집안에는

없던 알이 생겨나고 알몸으로 태어난
계절이란 질서가 자란다
구름기둥 세우고 바람장판 깔고
정상과 비정상의 굴레에서 차이와 편견을 만나
아무리 노력해도 어쩔 수 없는
비록 받아들이기 어려운 일일지라도
가치 있는 집이 되는

칡넝쿨처럼 보랏빛 꿈 피우기 위해
부대끼며 서걱대며 허허롭게
개밥바라기 꿈을 향해 둥지를 튼다

올챙이의 기도

실개천 따라 팔딱 팔딱 뛰어다니며
열심히 보금자리를 찾았다

엄마개구리의 사랑과 기도로 찾아낸
아늑한 보금자리에 낙엽 지붕 만들었다
낙엽이 이불인지 안 올챙이 침대

요람같은 안식처
몽골몽골 개구리알 사이좋게
이끼 낀 도량에서 꿈을 위해 기도한다

비오면 안 돼
강한 바람도 안 돼
며칠만 있으면 난 꼬리 달린 올챙이가 될 거야

세상에 태어났으니
매혹적으로 뛰어다니며 사랑할려면
튼튼한 뒷다리를 만들어야 해

멋진 롱다리로 지구를 힘껏 뛰어다니며
오래오래 남겨질 지구환경 경전을 쓸거야

바람의 날개

지구는 신이 만든 정원이다

잠시 세 들어 사는 나무 새 동물들
계절을 손바닥에 올려놓고 오므렸다 폈다

수천 년 동안 신의 정원 만드느라
손 짓무르고 시간을 버무렸다

허공에 떠도는 이야기 풀어주는 씨실
기다린 세월
터진 결 꿰맬 실 한 가닥 외롭다

멧돼지 고라니 새
숨 막혀 비틀거리며 신음하면
초록바늘로 숨통 뻥 뚫기 위해
소나무는 수많은 바늘을 장전하고 있다

다래나무, 담쟁이넝쿨 자라
초록초록
발버둥 치는 초록시대

>

새들 살 수 없다고
새 없는 산, 소리 없는 날개, 정적 감도는 메아리
절기 잊은 꽃 찢기고 상처나고
지구 어디에도 날개 내릴 곳 없어
양팔 아프도록 태평양 휘젓고 올라간 절벽

레이첼 카슨,
침묵의 봄 멀지 않았다고 외치는 소리 요란하다

육체 이탈

육체가 영혼을 두고 걷는다
각자 따로 움직이는 영과 육
하루는 새 되고 물고기 되고 짐승이 되어
보이는 것과 보이지 않는
감정 느낌 바이러스
상상 속 무한한 세상

공상이나 느낌 죽으면 어떻게 될까
사후에 일어나는 일
보이지 않는 시간을 그린 화가의 영혼

꿈속에서 무한의 세계를 넘나들 수 있는
못 가는 곳 없고 못 하는 일 없는
영혼이라는 이름

미세먼지가 삼킨 하늘
인류를 멸종시킬 위험
관에 갇혀 나오지 말라고 몰아 넣는다

죽음,

외부에서 보면 슬픈 작별이지만
내부에서 보면 평생 가고 싶어 했던 세상

영혼이 다닐 수 있는 무한의 세계에서
미래의 설계도면 가져와
다른 나로 살아보는 것이 가능하다면
융의 사후세계와 손잡고 코로나19를 물리치는 사자가 되지 않을까

여름 한기

초록 바람
한기에 옷자락 여미는 초여름
뿌연 세상이 숨결을 더럽힌다
마음 때를 씻어주는 한마디 '사랑해'

풀들은
바람을 흔들어 대고
벌 나비 대신 꽃향기가 어두운 목마름 다독이고

푸른 것들은 눈동자를 슬프게 한다
공허한 고삐에 몸은 휘어지고
온몸에 돋는 으스스한 한기

잡초는 끝없이 곤충을 낳아 기르고
벌레들이 뱉어 낸 독설
가득한 천지

한풀이 춤용
바람 부는 대로 한 풀어내고
한도 가고 나이도 가고 춤도 따라가고

거리에서 거리로 춤추던 날들도 갔다

광화문 광장이 더 빛날 춤
태평무 한여름 한기를 견디기 위해
떠나지 못하고 고삐 팽팽하게 쥐고 있다

봄을 지우다

새벽바람이 물안개로 피어나는 호수
수련도 물섶에서 사르르 눈열고
수양버들 물그림자 기지개를 켠다

안개비 날개짓 호수 위에 날아내리면
소금쟁이가 그린 풍경화 한 점
바람은 여백을 찾아 흔들고
빼끔거리는 고개 내밀고
동글 동글 비누방울 놀이에 분주한 물고기들

개구리 꽃 나비 수양버들
합창하며 날고 피고 흔들리며
공염불하고 있다
계절을 헤엄치는 피라미
무에서 생겨 무로 돌아가는 일이 저렇듯 신나는 일인가

계절붓꽃 까맣게 영글고
고양이 청둥오리
꼬리에 햇살 찍어 오타를 수정하고 있다
저 꼬리들 살 다 내리면
담장이나 호수에 봄 서서히 지워지겠지

하늘금고

하늘금고에는 바람이 저장되어 있다
요술 주머니처럼 꺼내면 술술술
끝없이 나오는 바람

곱슬머리 바람
엉덩이춤바람 나팔바지바람
짧은바람 장발바람 치맛바람
팝에서 째즈로 그리고 트로트바람으로
이리저리 잘도 몰려다닌다

베고 누워도 붙잡고 껴안아도
바람은 오래 머무르는 법 없다

바람은 날개를 달고
젊음을 피우고 별빛을 피우고
달빛을 피우고 마음꽃 피우며
온 세상을 돌아다닌다

흘러가는 바람 눈물에 젖어
어둠이 흘러내리는 소리

나무들 허공 흔드는 소리에
하늘금고의 문이 열리고

세상을 떠돌던 바람 가두는 소리 찰칵,

금고는 새로운 세상의 신바람을 고민한다
신나는 행복바람을 만들기 위해

틈

진실과 허위
사랑과 증오
선과 악의 틈은 무슨 색일까?

나무와 나무 틈
사람과 사람의 틈 어떤 모양일까?

틈이란 말은 허술이나 금이란 말이다
오장육부나 마음에 틈이 생기면 반드시 꿰매야 한다

작은 틈이 생긴 배는 큰 배를 가라앉히고
작은 겨자씨는 어느 틈에 자라 거목이 된다

작은 틈으로 들어오는 가스는 생물을 질식시키고
큰 저수지 뚝도 무너뜨린다

나무의 눈은 틈을 타 잎과 줄기 만들고

어떤 사람 틈을 타 유흥만 즐기고
어떤 사람 틈을 타 책만 본다.

어떤 틈으론 술의 흐름이 보이고
어떤 틈으론 돈이 흐르고
벌과 꽃사이 꿀이 흐른다

이해와 오해도 틈이 끼어든 때문이다
친구사이 우정도 틈 생기면 멀어지게 된다

틈이란 가끔 자신을 돌아보란 경전 같은 말

바람의 꿈

삶과 죽음에 대해 물었다

캄캄한 어둠
나뭇잎 흔들림
머리카락 휘날림
전해지는 감각은 분명 살아 있는데
나는 어디에도 없었다

무거움과 가벼움, 시작과 끝
느끼고 만지고 품으며
음미하며 절망 속에서 희망을 캔다

철없는 길목에서 지키고 있어
어느새 스쳐 지나가는
우울 쓸쓸 열정 사랑

아는 만큼 보이는 대로 전하고
의심의 불을 끄는
인간의 영혼
슬픔 기쁨은 언제나 어깨동무하고 다니는 절친

>

보이지 않는 길

순하고 여리게

팔랑팔랑 피워내는 새싹들의 신음소리

언제나 궁금한 바람의 꿈

어느 곳에서 하지감자분처럼 포실 포실 피어나고 있을까?

6부
물 水

거짓말 끓이다

붉은 거짓말
달 속에 무수한 이야기가 끓고
팥죽이 붉은 잡귀를 끓이고 새알을 끓이고 동지를 끓인다

뜨거움 식히지 못해 부글거리며 끓어오르는 장독 신神 옆에
고양이가 민들레꽃 끓인다

이사 갈 때
펄펄 끓는 온도로 악귀잡아 몰아내는 팥죽

수수밭에 가면 꼿꼿한 수수이삭
붉게 일렁인다
생일이면 수수팥떡 만들어 먹으며
걸음마다 달라붙는 악귀를 물리쳐준 엄니
시집갈 때 오강에 팥을 담아
방 가운데 두면
온갖 잡귀들 쫓아 냈지

액을 물리칠 붉은 속옷 맏딸이 해준다는데
나는 꽃무늬 속옷으로 엄니의 액을 물리치고 싶었다

>

어머니의 어머니가 하셨던 것을 답습하는 미신같은 전통을 팔팔 끓여
악귀 잡귀를 훌훌 쫓아내고 싶어

이번 동지에 팥죽 같은 거짓말을 펄펄 끓인다

비에 편입하다

변덕이 종일토록 부르는 노래
초가지붕에서 떨어진 빗물에는 사마귀가 산다
친구 손등 사마귀 부러워 비를 기다렸다
어른들이 말리는 낙숫물
긴긴 동안 손등을 내밀고 사마귀 나기를 기다린 시간

보름이 지나도 사마귀는 끝내 내게 오지 않았다
바지 치마 교대로 빨래 줄에 널릴
차례 기다리는 햇빛
오고 쉬고 또 오고
마당 가운데 우물에서 놀던 여름이 잠시 쉬고 있다

깊은 산골짜기에 철철 내려오는 풍뎅이
발이 시려 잠시도 담글 수 없는 남극
아이들의 비명 물장구
어느나무 밑에 모으고 모아서 콸콸콸 내려올까
어느 산신령의 이야기를 듣고 있다 깜짝 놀라 쏟아질까

황톳물 잠수교 삼키고
반포대교 흔들며 간을 보고 있다

유유히 흐르던 산책로가 물에 묻혀버리고
야생화 매미 울음소리 둥둥 강물에 떠내려 가고 있다

성난 장대비가 밀려오고
흐르는 물에는 속도만 흐르는게 아니라 사람 냉장고 닭 강아지 고양이
버둥거리는 고뇌의 도량이 된다

일기예보마저 휩쓸고 가버린 빗줄기
오늘은 얼마나 소리치며 고요히 흘러가는가

지구 세탁

아이들이 다음 다음 이어가는 세상
오염된 지구
세탁기에 돌려 깨끗이 빨고 싶다

하늘 땅 물 모두 찌들어
눈 코 뜨고 볼 수 없다

둘레길 물소리
꽃피는 소리
바람 소리마저 시든 지구

거품은 통돌이 속에 돌아가고
빨대로 만들어 내는 비누거품에 뻥뻥 허공 터지고
오염된 구름 해 달 그림자조차 보이지 않는다

나무와 꽃
동산과 동물 중 누가 우리를 맞아줄까
화성 토성 금성 미래의 인류가 살 곳
코로나 바이러스 화성 금성으로 보내고
깨끗이 빨아 말린 지구에서

대대손손 살아볼까

행복25 바이러스가
너울 너울 춤추며 날아와
봄이 오듯 품에 안기면 좋겠다

눈물을 널어 말리는 시인들

너절한 생각

그늘과 곰팡이 벌레와 효모
햇살과 달빛
화사한 꽃향기와 새털구름
분홍빛으로 넘실댄다

보잉737 같은 고래가
날개짓하며 살아간다
날카로운 비수 걱정이 태산이다

엽록소를 버린 잎처럼
누렇게 뜨고 있는 지구
군데군데 나비 발자국

열 펄펄 끓어 지구의 가마뚜껑 열렸다
호박구덩이 속 발효된 똥은 호박꽃등으로 환하게 피고
고래똥은 크릴새우 키우고
인간은 크릴새우 사냥해
관절 살린다는 말

>

기온 낮추고 바다 살려내는 명약 제조 위해
가을바람에 눈물을 널어 말리는 환경시인들
시인들 눈물에 균들 소독해
맑고 투명해진 눈빛이 되어라. 지구

용

밤새 내린 도둑비
꽃목 산산이 날려 버렸다
주검, 어지러이 널브러진 바닥
바람, 주검을 이리저리 모으고
햇볕들 조문하고 있다

물할미라 존대 받고
물로 재주 부리는 용녀 용신 용왕
누가 용의 비늘을 건드렸을까?
저 수많은 꽃잎목숨 하룻밤새 도둑으로 변한 걸 보면
누군가 용의 비늘을 건드린 게 분명하다

때로는 바가지에 담겨
병마를 쫓고 부정을 쫓고
심마니들 몸을 씻어주기도 하는 용
정화수 되어
엄니의 간절한 소망 들어주고
성수 되어 신도들 머리에 뿌려지기도 하고
관욕물 되어 석가모니불 씻기기도 하고
뱃속에 양수가 되어 새생명을 잉태하기도 하고

천지조화 부리는 용

눈물 콧물 진물
모든 소용돌이 속에서 나오는
만약 소용돌이 아닌 대용돌이라면
지구는 물속에 잠기고 말 것이다.

물고기 말

울산 통도사 범종 법고 운판에
메달린 물고기가
헤엄치며 살고 있다

나무를 깎아
속 비워 두드리면 목탁소리 나고
바람은 경 읽어
세상을 맑게 걸러낸다
법문 옷자락 나풀거리는 소리
목어는 중생의 마음을 다스리는 어왕漁王

항상 눈을 부릅뜨고
수행자 게으름을 감시하며
물속 지상 하늘을 통치한다

바다를 떠나 허공으로 올 때
비린내 바다고기에게 주고
간, 쓸개, 내장까지 모두 쏟아버리고
승천 못한 이무기로 살기를 작정했다
하늘이 멀다고 바다가 깊다고 아우성치는

중생 위해 한몸 바치기로 했다

가을 잎 동동 띄워놓고
바람 묶어 당간지주에 걸쳐놓고
물소리로 손을 씻고
두보 이백을 품고
득도得道의 세계를 향해
불상의 입에 오도송悟道頌을 밀어넣는다
다그르 다그르 득도문을 굴려본다

물의 집

냄새도 없고 맛도 없이 늘 젖어 있는 물
집앞 골목처럼 낯익지만 내가 모르는 시공을 넘나드는 물

뜨거운 여름이나 추운 겨울을 밀어 내는 건
미지근한 가을이나 봄이듯
사람이 태어나게 하는 것도 죽게하는 것도
늘 맛도 냄새도 없는 맹물이다

입에서는 침이라는 이름으로
코에서는 콧물이란 이름으로
눈에서는 눈물이란 이름으로

도깨비처럼 이름 바꿔가며 살아가는
담기는 그릇마다 달라지는
초록세상 황금세상 물세상

지구를
뒤흔들며 괴물도 되었다가 생명수도 되었다가
횡포를 부리는 전지전능한 神

>

물의 집이 어디에 있는지 아무도 아는 이가 없다
물 내리면 숲의 몸부림이 심해지고
물 오르면 푸르름 아우성이 시작되어도
물은 끄떡도 않고
지구를 휘젓고 다니는 물 물 물

갈증이나 물 한사발 벌컥벌컥 들이킨다

날고 싶은 새

철제 위에 조각되어 날지 못하는 새
어린이 놀이터 '어린이의 꿈'이란 이름표
날고 싶은 어린 마음 꽁꽁 메달고
날개 활짝 펴고 서 있다

어린이는 날지 못한 새 보고 새는 어린아이를 보고
철제 새는 묵묵히 날개를 접고
공원은 치킨 피자 시켜먹고 쌓이는 일회용
배달그릇 각양각색 쓰레기 전시회 바라보고 있다

흰뺨검둥오리 청둥오리 기러기 가마무지 중 으뜸이라는 고니
갸 갸 갸 갸 갸 갸
독특한 울음
햇살과 바람과 윤슬이 추임새를 넣는 두물머리 전시회

3월이면 시베리아로 날아가는
백자를 닮아 누구도 범할 수 없는 메아리로
촬영팀 집단으로 대기 시키는 백조
호수 같은 강에 새 만큼 많은 페비닐 널부러진 펫트병

>

값싸고 편하고 만들기 쉬워 쉽게 쉽게
이미 지구는 플라스틱에 중독
태평양에 '플라스틱 섬'이 생겼다니
나노 플라스틱식탁도 이미 식탁플라스틱섬이다

안 된다 아니다 안 좋다……
부정의 천기누설로 시를 짓는다

몽상가의 몽상

연탄가스 먹고 비틀거리던 날
동치미 국물로 살아났다
냄새 색깔 없어 먹고 쓰러지기 전까지 느낄 수 없이
살금 살금 기어들어 두통 구역질 호흡곤란 심장이나 뇌에 치명상 입혀
혈액 속 헤모글로빈 일산화탄소와 결합해
산소운반이라는 본래 임무를 내팽개치는 가혹한 놈

산불의 뜨거운 열기
가벼운 공기 젯트기류 타고 움직인다
일산화탄소 빨간구름 되고
빨간 띠 하늘 뒤덮은 회오리바람

갈수록 뜨거워지는 여름
폭염은 산림과 대지를 장작처럼 바싹 말려
생존이나 지속가능성
보는 시각 제멋대로다

메뚜기 떼가 하루에 케냐 인구 전체
먹을 수 있는 양을 먹어치우고

미세먼지 오염 프라스틱오염
산 들 나무 동물 식물 모두 오염으로 염색하고 있다

이제 균들은 서로 협조해 인간을 공격할 것이다
인간이 쓰고 함부로 버린 대가가
균들이 태어날 환경을 만들고 있다

소똥 위 마른풀 깔고 소가죽 덮고 밀집된 공간
바이러스 감염 취약한 집이 안식처라고
손을 사용하는 질병 감염 무방비 상태에 노출된 아이들

호모마스쿠스균들이 공기 중에 커다란 입 벌리고 혀 날름거리고
아침마다 공기 오염 물결 출렁이게 하고
우리들 몰래 공간을 야금야금 먹어 지구를 정복해

인간 내쫓고 균의 터전으로 만들어 살아갈 때
인간은 인간의 소리를 거두고 조용히 사라져야 할지도

수다바위

백百개의 담潭이 모인 백담百潭
하얀바위 끼리끼리 담론하는 백담白談
바위들 수다 떨고 있네요

바위 속 나무 품고
물고기 키우고 수다는 배를 불리고
싱그런 물소리 맑은 바람소리
물고기 이빨가는 소리

설악산 백담계곡의 소리들은
모두 바위가 낳은 것들

우리가 알 수 없는 공간
너와 내가 빌려주었던 시간에
갇혀있던 삶이
번뇌와 업이 뭉쳐 된 수다

하얀 허공에 버티고 앉아
또 다른 생을 벗기고 있다

>

영혼을 빼내고 집착을 버리고
기氣만 모았다 흩었다
저 바위들의 수다는 전생의 내 모습

물 폭탄

북극 만년설 사라져
폭우, 폭설, 폭염, 폭풍, 바이러스 공격개시
세상이 어떻게 변할까

암울한 기후변화 통제
기후학자들 외침 공허하게 흩어지고

지구온난화
가뭄과 기근 자연재해 홍수

극지의 얼음 녹으면서
긴 장마, 물 폭탄, 고온다습한 날씨
코로나19 일상이 인간을 공격하고

화창한 일상들 사라지고
강하고 센 온난화의 '나비 효과', '파생 효과'

어디로 튈지 모르는
기후변화 들쥐도 구상나무 위협

>

자연이 인간들 귀를 막았다
동식물은 스스로 촉각 세우고

예측 불가능한 재해 앞에서
인류의 멸종이 까치독사처럼 혀를 날름거린다

도돌이표도 붙어 있지 않는 과거 불협화음 없이 돌아갈 수 있을까
저 멀리 우주 외곽으로 사라지지 않기 위한 팽귄 울음

설화나 전통을 어슬렁거리는 호랑이
살아있는 숨 줄기들
아슬아슬 현재 진행형으로 간신히 버티고 있다

지금

아수라 늪 무색한
번뇌의 진흙 걸러내고
청초한 꽃 피워내는
그대 이름 신비꽃

해 바라기
해 뜨면 꽃잎 벌려 부끄러움 없이 씨방 드러내고
해 지면 스르르 꽃잎 닫아 향기 보존하며
해만 사랑하는 열혈단짝

어둔 밤 이슬 품은 고개 디밀어
꽃봉오리 꽁꽁 싸매 두었다가
어스름한 새벽 우린 연향차

향기좋은 차 부처님께 바치려고
여인들 새벽잠 정성을 넣고
소원에 발 담근다

효심 강한 심청 모신 연꽃나룻배
왕후연분 인당수 길 열리고

심봉사 두 눈 활짝여니 빛이란 빛 지상으로 내려 앉는다

부처님 태어나신 자리
보리수나무 아래 깨달음 얻을 때
연꽃속에서 꽃이란 문장들이 피어오른다

정조의 아비사랑
두물머리 건너 뱃다리길 만드느라
청개구리 등껍질이 검게 변했다는 사라진 전설
연꽃으로 피고지며 환영을 건져올리고

연밥 연잎차 가시연꽃 어리연꽃
분주한 세미원 여름이 줄지어 방문한다
생명의 알레고리와 우주적 연민을 위해

해설

생태 위기의 시적 통찰

백인덕 시인

생태 위기의 시적 통찰

백 인 덕 시인

1.

시의 시대는 언제나, 어떤 이유에서든지 '암흑기'였다. 시인의 '황금시대'나 '유토피아(무릉도원)'는 지나간 것이거나 도래하지 않은 것, 아니 실현이 지연된다는 그 속성 때문에 유효한 희망일 뿐이었다. 대부분은 시대에 초연하거나 초월적인 자세를 견지했다. 세계와 맞먹는 규모로 개인의 내부를 발견한 것은 비교적 최근의 상황이고, 현대 시인은 '의식과 언어'라는 두 체계의 괴물과 싸우며 투사로서의 자기 근성을 확립했다.

여기 두 개의 사실이 있다. 2013년 영국기계학회IMechE가 낸 보고서에 따르면, 소고기 1킬로그램을 생산하는 데는 신선한 물이 약 15,000 리터가 드는 반면, 감자 1킬로그램을 생산하는 데는 287 리터 정도면 충분하다. "나는 문명의 허울을 벗고 진정한 삶을 그리고 싶었다."라고 후기 인상파 화가 P. 고갱은 술회했다. 19세기 말 프랑스를 떠나 타히티에 정착하고 드디어「우리는 어디서 왔는가? 우리는 누구인가? 우리는 어디로 가는가?」라는 삶의 본질과 인간의 운명에 대한 깊은 고뇌를 담은 대표작을 그려냈다. 그의 생은 말년마저도 불우했다.

세계 전부는 아닐지라도 이 문명은 감자보다 소고기를 욕망한다. 그 욕망의 속도는 빛과 같아서 직진 말고 다른 방향을 염두에 두지 않는다. 어쩔 수 없다 하더라도 시인은 그 욕망의 속도에 '우리는~' 하고 불쑥 장애물을 세우거나 아찔한 구멍을 판다. 그 대가로 프랑스 시인 S. 보들레르의 말처럼 "한때 기쁨의 무한한 기쁨의 샘이었던 시적인 의식은 무진장한 고문 도구들의 병기창이 되었다."라는 것을 확실하게 인식하고 또 겸허하게 수용한다.

세정世靖 이정화 시인은 밀레니엄의 불안과 희망이 격한 조류로 교차하던 2001년『문예사조』를 통해 등단했다. 이번 첫 시집 상재는 시단의 추세와 현상이라는 측면에서 보면 늦은 것이지만, 시작詩作의 치열성으로 이해했을 때 꼭 그런 것만은 아니다. 「시인의 말」에 분명하게 밝혔듯이 "지구환경을 걱정하고/ 덕담으로/ 가족과 사회에 향기 있는 사람"의 위상을 갖는다는 게 이십여 년의 창작을 통해서도 도달하기 쉽지 않은 목표이기 때문이다. 나아가 "가슴에서 우러나오는 글"을 쓰고 싶다고 하지 않았는가. 여기서 '가슴'은 단순히 감정이입의 비유가 아니다. '큰 마음의 눈'으로 세계와 시대와 시작詩作을 관통하려는 의지의 표현이다.

땅속

어둠 파먹으며 견뎌온 세월

어둠을 탈출해

나무 부등켜 안고 종일토록 새파랗게 울었다

풀과 나무 일시에 파랗게 물들고

고독에 답하는 법을 알지 못해 죽은

학 한 마리 긴 목숨 자랑한다

하루에도 몇 번씩 화내고 탐낸

분노 어리석음

모두 저물어가는 아쉬움

붓다

깨달음 얻게 한

하늘 안개

무궁토록 변화에 순응하며

구름으로 물방울로 안개로

변신하며 또 다른 삶을 겨냥하기 위해

탈출을 시도한다

매미는 땅속에서 붓다의 가르침 받아

자연과 한 몸되는 법

깨달았을까?

—「탈출」 전문

일상어의 곡진曲盡은 사유어의 관념적 의미를 거뜬히 넘어선다. '탈출'은 "땅속/ 어둠 파먹으며 견뎌온 세월"이라는 경험적 사실에 대한 반응을 충분히 담아낸다. 만약, 매미의 선퇴蟬退를 초월로 보려는 관점이라면 이런 상상은 곧 시들고 만다. 시인은 '땅속'에서 나와 첫 번째 세상이었던 "나무 부둥켜 안고 종일토록 새파랗게 울었던" 존재에서 "구름으로 물방울로 안개로/ 변신하며 또 다른 삶을 겨냥"하는 전체를 포착하고자 '탈출'이라는 시어를 활용했다. 초월은 일거에 모두 벗어버리는 것이기에 재초월이라는 상황이 빚어지지 않는다. 나아가 이 작품은 "매미는 땅속에서 붓다의 가르침 받아/ 자연과 한 몸 되는 법을 깨달았을까?"라는 본연의 질문을 향해 응축한다. 여기, 즉 시인이 받고자 하는 '붓다의 가르침'을 강조하기 위해서는 '탈출과 변신'이 더 적절한 시어일 수밖에 없다.

이번 시집은 그 구성에서 이정화 시인의 고심과 세심한 배려가 그대로 드러난다. 굳이 나누자면 6개의 큰 갈래로 묶을 수 있는데, 첫 묶음은 시인의 의지와 시적 지향이 드러나고, 다음 다섯 갈래는 오행五行에서 금金을 빼고 풍風을 넣은 것으로 보인다. 금(철)이 빠진 이유는 쇠는 인간의 문명 이기利器를 그 자체로 강렬하게 상징하기 때문에 자연의 변화에 맞지 않는다는 시적 판단으로 보인다. 바람은 공기의 작용으로 지구환경을 염두에 두었을 때 필수적인 요인이라 할 수 있기에 대체 되었다.

뼈가 지키는 중심
만 번의 달이 뜨고 져도 꿈쩍 않던 뼈대

차갑고 푸른 눈빛으로
서로에게 딴 세상 이야기 늘어놓는다
삐끄덕 삐끄덕 뼈대 있는 말, 보리 익을 무렵 숭어맛처럼 한다

가을을 영글게 하던 씨앗들 겨울 갈무리 끝나면
온 힘 다해 꽃 피워내
나무와 풀의 숨소리에 지구는 끝없이 푸르러 지고

화려함보다 실리가 맥을 찾는다
맥이 약해지면 삶도 닮아가는

산이나 인간이나 살아 있는 모든 것은 맥이 움직인다
기도도 공부도 정진하는 힘도
우주를 통째 들었다 놓았다 하는 힘도 맥이다
—「맥」 부분

시인은 '뼈', 즉 구조가 아니라 '맥' 그 운용이 중요하다는 통찰을 보여준다. "차갑고 푸른 눈빛으로/ 서로에게 딴 세상 이야기 늘어놓는" 그 모든 '뼈대 있는 말'은 온갖 향과 맛을 약속하지만 실제로 닿지 못한다. 이 통찰이 시인에게 한 방향을 열어준다. 그 길은 시인의 시적 의식과 시대적 소명이 조우遭遇했지만, '무

진장한 고문의 병기창'이 준비된 것 같은 안타까움과 불안의 길이라 할 수도 있다.

2.

겨울의 기세가 매서우니 봄이 멀지 않았다. 이처럼 계절의 순환은 어김없고, 우리가 남기는 인류세(人類世, Anthropocene)의 흔적은 더 광범위하고 뚜렷해진다. 주지의 사실이지만 '인류세'는 오늘날 인류 문명의 발전으로 인한 지구 환경의 극적인 변화를 강조하고자 제안된 지질시대의 구분이다. 본래 지질시대는 지구가 만들어지고 나서부터 홀로세 (현세)까지를 지칭하는 말이었으나, 1980년대 미국의 생물학자 유진 스토머와 네덜란드의 화학자 파울 크뤼천은 인류의 산업 활동으로 인해 지구의 환경이 극단적으로 변화하게 되었다는 점에서 이를 지질시대에 포함하고자 인류세를 제안했다. 이후 과학계에서 인류세라는 표현은 돌풍처럼 퍼져나갔고, 사회적으로도 현시대의 환경 문제를 상징하는 표현으로 자리하게 되었다.

지구온난화로 가라앉고 있는 우주공화국

따뜻해진 기후 차거운 무관심
방 안의 코끼리 모두 쉬! 쉬! 쉬!
눈앞 이익에 눈앞 깜깜 보이지 않는

세계기후총회 석탄 석유 천연가스
'화석연료 비확산조약' 요구하지만
이미 지구 냄비는 끓고 있다

달궈진 지구가 인류를 다 삼킨다 해도
눈 깜빡 않고 앞으로 앞으로

세계 각국에 나타난 위기
지구온난화 해수면 상승 국토 잠길 위기

기후위기의 희생자와 가해자 누구일까?
화석연료 억제하고 재생에너지 전환하고

지구 연평균 기온이 섭씨 1.5도 넘게 상승하지 않도록
생산을 줄이는 욕심의 중독에서 벗어나야

신음소리 점점 수위 높아가는 지구
누가 지킬까?
—「방 안의 코끼리」 전문

이정화 시인은 "지구환경을 아끼고 사랑하며"를 '가족과 사회'에 나누는 '덕담'보다 앞세웠다. 누군가는 개념 층위에 따른 자연스러운 서술로 보겠지만, 눈 밝은 독자들은 시인이 문제가 더 심

각하다고 느끼는 인식에 따라, 즉 그의 시 의식이 아프게 형성하는 지점에 더 집중하고 있다는 것을 쉽게 알아챌 수 있을 것이다.

인용 작품의 제목인 '방 안의 코끼리'는 작품에 주석으로 설명되어 있지만, "모두가 잘못됐다는 사실을 알면서 후폭풍과 책임이 두려워 언급하지 않는 커다란 문제"의 알레고리다. 시에서 어떤 문제에 접근하는 방식이 유추나 알레고리냐는 큰 차이를 드러낸다. 유추가 이성에 의지해야 한다면 알레고리는 상상을 바탕으로 한다. 따라서 객관적이고 합리적이라는 수식이 의심받을 때, 혹은 그 효용을 잃었다고 판단될 때 숫자나 통계에 기초한 사건들도 알레고리의 상상으로 그 활로가 개척되기도 한다.

2연을 보자, "따뜻해진 기후 차거운 무관심"이 세계의 현상이라면 이를 지켜보는 시인은 제3의 눈을 갖게 된다. 이제 "방 안의 코끼리 모두 쉬! 쉬! 쉬!" 하는 이유가 보이고, 사태는 "눈앞 이익에 눈앞 깜깜 보이지 않는" 데서 발생한다. '눈앞'이 근시안이라는 의미의 거리가 좁다는 것뿐만 아니라, '생명의 본연'을 보지 않으려 한다는 데서 캄캄한 것이라는 시인의 통찰이 또 한 번 빛난다. 따라서 마지막 연의 "신음소리 점점 수위 높아가는 지구/ 누가 지킬까?"라는 반문은 독자를 향한 것임과 동시에 '나라도 하자'라는 자기 결의의 재확인이라 할 수 있다.

이후 시인은 여러 작품에서 그동안 기울여왔던 관심의 결과를 헛헛하게 병렬해 보여준다. 보여줌을 통해 이 사건들이 언어의 강제가 아니라 사건의 목도目睹이게 기획한다.

시인은 묻는다. 우리는 정말 '고향'을 잊고 달이나 화성 같은 다른 행성으로 이주하는 것을 업적이나 성취로 꿈꾸는 자기 교만에 빠진 존재인가. 주지의 사실이지만, 아프리카 특히 동아프리카 지구대는 현생 인류의 발원지다. 하지만 우주적으로 잠깐이 지난 지금, '아프리카'는 "죽어서 흙 별 물 바람이 바람 물 별 흙으로/ 이름 바꾸며 돌고 도는 질서"가 파괴된 대표적인 지역, 나아가 소위 '기아와 공포'를 전시하면서 문명인의 양심을 들쑤시는 각종 캠페인의 주요 무대가 되고 말았다.

이번 시집에는 분류하기 벅찰 정도의 기후위기와 인간을 포함한 생명의 위기가 단순히 시인의 시 의식의 밑바탕이 아니라 형상화하는 이미지의 아픈 결과처럼 가득하다.

만약 찾고자 하면, 기후위기를 보여주는 현상은 끝없이 차고 넘칠 것이다. 그 이전에 기후위기를 초래하는 인간의 탐욕 양상도 책 한 권쯤은 거뜬히 넘어설 것이다. 빙하와 만년설은 녹아내리고, 잦아지는 홍수의 반작용으로 각지의 산불은 크고 빈번해지고, 기후변화에 적응해야 하는 생명에게 인간은 화학적 결과물과 미세 플라스틱을 먹이고, 그 모든 것은 결국 "예측 불가능한 재해 앞에서/ 인류의 멸종이 까치독사처럼 혀를 날름거린다"(「물 폭탄」)라는 시적 인식에 이르게 된다.

일반적으로 죽음은 한 개체의 생명 활동이 다한 것을 의미한다. 자연의 순환 원리에 따르면, 한 개체의 죽음은 또 다른 개체(우리는 유전자를 알고 있다.)의 삶을 통해 연속적이 된다. 즉, 우주의 시간에서 종의 생명이 연속선 상에 놓이게 된다. 그러나 멸종은 우주 시간에서 한 개체종이 완전히 사라짐을 의미한다.

개체종의 멸종은 다른 개체가 아니라 또 다른 개체종에게 영향을 미친다. 가령, '붓꽃이 어우러진 연못'(「물 위를 걷다」)을 상상하자. 잠자리인가 하고 보니 소금쟁이가 미끄럼을 타고 "민첩하고 가벼워 사뿐사뿐 달리는 모습/ 나도 그만 소금쟁이가 되어 물 위를 걷는" 상상을 한다. 이 상상은 눈앞 형상을 지나 내면의 깊은 곳에 가 닿는다. "가느다랗고 긴 다리 표면 장력으로 버티는 슬픔/ 슬픔을 가슴에 묻고 춤을 춘다/ 버려야 하는 욕망으로 물 위를 걷는다/ 무슨 이유로 욕망을 담아 춤을 춰야 하는지"라는 성찰적 인식을 끌어낸다. 물론 연못이 있어야 하겠지만, '소금쟁이'가 없다면 우리는 "슬픔을 가슴에 묻고 춤을 추"는 형상을 어떻게 상상할 수 있나. 우리는 알지 못하는 것을 상상할 수 없다. 사람을 제외하고 아무것도 남지 않는다면 우리는 아무것도 상상할 수 없다. 사람은 그가 아닌 다른 모든 것에 의해 비쳐지는 존재이기 때문이다.

3.

지난 20세기가 보여줬던 생태시生態詩의 의제들은 지금도 현저하게 유효하다. 사전적 정의로 생태시는 "인간 중심주의를 비판하고 인간과 자연의 조화를 지향하는 생태학적 세계관을 담고 있는 시. 인간은 물론 생태계에 존재하는 모든 생명체의 생존을 위협하는 환경 문제의 심각성을 드러내고 생물학적 약자의 편에서 그들의 다양성을 옹호하며 공존의 법칙을 모색하는 내용을 담는다."라고 정의된다.

세정 이정화 시인은 이번 시집에서 확장된 의미의 생태시. 즉 생명을 향한 '큰 마음의 눈'을 가지고 '우주적 연민cosmic pity'을 향한 시적 형상화의 성과를 보여준다.

땅파던 호미가 생각한다

지금까지 무엇을 이루었나?
남은 삶 동안 무엇을 이룰 것인가?
계속 살아야 할 이유를 어디서 찾아야 하나?

내가 확신할 수 있는 것은 무엇인가?
잘 쓰여지기 위하여 집중하는 일
집중이 성취가 될 수 없다

곡식 키우기 위해
정성들여 뽑아낸 잡초 골라낸 돌들
다 닳아 없어지는 날까지
호미가 되고 싶지는 않다

구름 바람 메아리
종소리도 불기운으로 퍼져나간다

10방 세계 후천의 말 십—

죄는 죄대로 벌은 벌대로
구름도 땅도 소리도 물도 불에서 태어나
법당의 오백나한되어 염불한다

선천의 말 후천의 소로 갈아타기란
몇 억겁의 선善이 필요할까?

불을 캐던 호미는 밭에 누워 녹슬었다
—「호미생각」 전문

이 작품은 "호미가 생각한다"라는 전형적인 계기motive에서 '호미생각', 정작 호미는 어떻게 생각할까는 알레고리의 정수를 보여준다. 이 작품의 2연의 질문, 삶의 지속성에 대한 회의는 7연, "선천의 말 후천의 소로 갈아타기란/ 몇 억겁의 선善이 필요할까?"라는 자기 각오로 끝맺는다. '몇 억겁의 선'은 과거의 축적이나 미래의 예상이 아니기에 우리는 여기서 시인의 지금-여기를 인식하고 응대하는 방식을 직선적으로 알게 된다. "불을 캐던 호미는 밭에 누워 녹슬었다"라는 결말은 시간의 무차별성을 여실히 보여주는 것 같지만, 사물과 생명의 차이를 보여주는 커다란 상징이기도 하다.

연탄가스 먹고 비틀거리던 날
동치미 국물로 살아났다
냄새 색깔 없어 먹고 쓰러지기 전까지 느낄 수 없이

살금 살금 기어들어 두통 구역질 호흡곤란 심장이나 뇌에 치
명상 입혀
혈액 속 헤모글로빈 일산화탄소와 결합해
산소운반이라는 본래 임무를 내팽개치는 가혹한 놈

산불의 뜨거운 열기
가벼운 공기 젯트기류 타고 움직인다
일산화탄소 빨간구름 되고
빨간 띠 하늘 뒤덮은 회오리바람

갈수록 뜨거워지는 여름
폭염은 산림과 대지를 장작처럼 바싹 말려
생존이나 지속가능성
보는 시각 제멋대로다

(중략)

인간 내쫓고 균의 터전으로 만들어 살아갈 때
인간은 인간의 소리를 거두고 조용히 사라져야 할지도
—「몽상가의 몽상」 부분

시대가 변했다. 아니 더 나빠졌다 하면 늙어 상상력이 떨어진다 한다. 하지만 문제는 더 심각하고 광범위해졌다. 이 작품에서처럼 '산불'의 흔적은 직접 경험으로, 아니 미디어를 통해 실시

간으로 거의 매일 인지하게 된다. 하지만 '기후위기'에 대한 감수성은 고사하고 인식조차 제대로 형성되고 있나 의문이 아닐 수 없다. 시인은 "연탄가스 먹고 비틀거리던 날/ 동치미 국물로 살아났다"라는 유년의 기억에 의존하는 것 같지만, 실제적이고 또한 절실하다.

시인은 생명을 영위하는 한 존재로서 "태어난 순간부터 움직이고/ 끝없이 걸어가는 걸음/ 누구를 따라 걷느냐 누구를 좇아가느냐/ 인생을 결정하게 될 줄 걸어보고야 알았다"(「긁을 수 없는 시간」)라 이제 고백할 자격이 충분하니. "인간은 인간의 소리를 거두고 조용히 사라져야 할지도" 모른다는 깊은 지혜의 충고에 귀 기울여야 할 것이다.

명시감상

세정 이정화 시인의 두 편의 시에 대하여

—「방안의 코끼리」, 「공허」

반경환 문학평론가

세정 이정화 시인의 두 편의 시에 대하여
—「방안의 코끼리」,「공허」

반 경 환 문학평론가

방안의 코끼리*

세 정

지구온난화로 가라앉고 있는 우주공화국

따뜻해진 기후 차거운 무관심
방 안의 코끼리 모두 쉬! 쉬! 쉬!
눈앞 이익에 눈앞 깜깜 보이지 않는

세계기후총회 석탄 석유 천연가스
'화석연료 비확산조약' 요구하지만
이미 지구 냄비는 끓고 있다

달궈진 지구가 인류를 다 삼킨다 해도
눈 깜빡 않고 앞으로 앞으로

세계 각국에 나타난 위기
지구온난화 해수면 상승 국토 잠길 위기

기후위기의 희생자와 가해자 누구일까?
화석연료 억제하고 재생에너지 전환하고

지구 연평균 기온이 섭씨 1.5도 넘게 상승하지 않도록
생산을 줄이는 욕심의 중독에서 벗어나야

신음소리 점점 수위 높아가는 지구
누가 지킬까?

* 모두가 잘못됐다는 사실을 알면서 후폭풍과 책임이 두려워 언급하지 않는 커다란 문제

세정 이정화 시인은 "시를 쓰는 것은 닿소리 홀소리를 발효시키는 일"(「발효」)이라는 서정 시인이자 "지구는 신이 만든 정원이다"(「바람의 날개」)라는 지구촌의 원주민이며, 어느 누구도 흉내내지 못할 정도로 "오염된 지구/ 세탁기에 돌려 깨끗이 빨고 싶다"(「지구 세탁」)라는 지구촌의 환경지킴이라고 할 수가 있다.

세정 이정화 시인의 언어는 그의 생명이고, 그가 시를 쓴다는 것은 그의 붉디붉은 피로 자기 자신과 이 세상의 진실을 이야기

하며, 이 지구촌을 지상낙원으로 만들겠다는 것이다. 안다는 것은 실천한다는 것이며, 실천한다는 것은 자기 자신의 목숨을 건다는 것이다. 왜냐하면 "지구온난화로 가라앉고 있는 우주공화국"에서 모두가 다 같이 "눈앞의 이익"에만 몰두하며 "방안의 코끼리"가 되어가고 있기 때문이다.

아주 오래 전부터 지구촌은 이미 만원이 되었고, "세계기후총회"에서 "석탄 석유 천연가스/ '화석연료 비확산조약'"을 제시했지만, 모두가 다 같이 "차가운 무관심"으로 "방 안의 코끼리"처럼 "쉬! 쉬! 쉬"해왔던 것이다. 이러한 현실은 모두가 알고도 말하지 않는 침묵의 공모로 이어졌다.

본디 명예와 명성은 비굴한 타협을 허용하지 않지만, 오늘날 우리는 눈앞의 이익을 위해 때때로 현실과 타협해버리고 만다. 지구라는 냄비는 이미 끓고 있고, "천국은 하늘에 있지 않고 지상에 있다는 걸/ 사람들만"(「지렁이 춤」) 모르는 상황에서, 시인은 묻는다. 가장 크고 힘센 동물인 코끼리가 왜 침묵과 탐욕의 상징으로 전락했는가.

시인은 앎을 통해 자기 자신을 정화시키고 그가 살고 있는 우주공화국을 지상낙원으로 변모시키지만, 자본주의의 인간들은 「방안의 코끼리」가 되어 거대한 식욕과 탐욕 때문에 이 우주공화국을 파괴한다. 무서운 것은 지구가 펄펄 끓고 있는 것이 아니라 우리 인간들의 오만방자함이다. 우리는 아직도 스스로를 만물의 영장이라고 착각을 하고, 우리 스스로가 「방안의 코끼리」라는 사실을 이해하지 못하고 있기 때문이다.

만물의 영장이라는 오만방자함으로 거대한 식성과 탐욕만을

지녔을 뿐 모든 것을 다 상실한 우리 인간들, 이「방안의 코끼리」들을, 과연 어떻게 자연으로 돌려보내고 지구촌의 원주민으로서 살아가게 할 수 있을까?

이제는 시인의 말처럼, "모두가 잘못됐다는 사실을 알면서"도 "후폭풍과 책임이 두려워 언급하지 않는 커다란 문제"에 대해 목소리를 낼 때다.

공허

세 정

아프가니스탄 폭설
인도 폭염 대홍수
유럽 500년 만의 가뭄
이라크 모래폭풍
미국 서부 가뭄 산불
케냐 아프리카 소말리아 멕시코 가뭄
나이지리아 홍수
중국 61년만의 최악 가뭄

지구가 뒤집히고
튀르기예 지진
파키스탄 북부 빙하 녹아 인더스 강 불어난 물

고통받는 지구가 사라지면
생명은 어디서 살아야 하나
욕망을 위한 욕망
세상의 끝

두 몸이 한 몸 되어 양분을 나누는 연리지連理枝
서로가 서로를 살려내는 나무

지구의 신음 허공 가득 흩어진다

이 세상에서 인간만큼 오만방자하고 어리석은 동물이 또 있을까? 만물의 영장이란 다른 동물들이 우리 인간들에게 헌사한 말이 아니며, 따라서 이 자화자찬의 말만큼 오만방자하고 어리석은 말도 없을 것이다. 이 지구촌은 만물의 공동터전이지, 우리 인간들의 소유물이 아니다. 모든 생명체는 먹이사슬의 법칙에 따라 때로는 적대적 관계로, 때로는 우호적 관계로 공생 공존하면서 살아간다. 풀과 나무가 없다면 어떻게 되고, 강과 호수와 바다가 없다면 어떻게 되겠는가? 산과 들이 없다면 어떻게 되고, 달과 별과 해가 없다면 어떻게 되겠는가? 새와 벌과 나비들이 없다면 어떻게 되고, 소와 호랑이와 사슴들이 없다면 어떻게 되겠는가? 하나의 생명체는 수많은 생명체들에게 의존하고, 모든 생명체들은 또다른 사물과 사물들에게 의존한다. 이 '자연의 법칙'과 '만물평등의 법칙'을 무시한 채, 자연과 세계를 정복하고 지배하려는 우리 인간들의 파렴치하고 뻔뻔스러운 만행이 오늘날의 지구촌의 대위기를 초래했다고 해도 과언이 아니다.

미국과 캐나다의 대형산불은 해마다 몇 달씩 계속되고 있고, 브라질과 인도네시아와 호주에서의 대형산불도 이제는 연례행사가 되어가고 있다. 몇 년 전 동해안을 뒤덮은 대형산불에 이어, 올해는 경북 지방에서 발생한 화재가 수많은 이재민을 낳고 지역을 초토화시켰다. 우리 인간들의 자연파괴와 화석연료의 사용으로 지구는 점점 더 뜨거워지고, 그 어떤 산불도 우리 인간들의 힘으로는 방어하고 진화시킬 수가 없게 되었다. 한 번 불이 붙으면 모든 산과 집들이 불쏘시개가 되고, 이상기후 현상으로 그토록 사납고 거센 바람은 강과 호수를 건너 수 킬로미터씩 날아가 불을 붙여댄다. 아니 땐 굴뚝에 연기 날 일이 없듯이, 모든 것이 너무나도 폭발적인 인구증가와 함께 화석연료의 사용에 의한 대자연의 복수라고 할 수 있다.

지구촌의 온도는 너무나도 급격하게 올라가고, 이상기후 현상으로 삼한사온의 온대지방이었던 대한민국이 아열대 지방이 되었다. 동해안에서의 오징어와 청어와 명태들이 종적을 감춘 후, 참치와 방어와 해파리 등의 열대성 어종들이 나타나기 시작했다. 대한민국의 사과의 주산지가 강원도의 산간 오지로 옮겨갔고, 감귤과 바나나 등의 열대성 과일의 재배면적이 늘어나고 있다. 한대지방은 한대지방다워야 하고, 온대지방은 온대지방다워야 하고, 열대지방은 열대지방다워야 하지만, 이제는 지구촌 전체가 열대화되어가고 있다.

"아프가니스탄 폭설/ 인도 폭염 대홍수"도 예삿일이고, "유럽 500년만의 가뭄/ 이라크 모래폭풍"도 예삿일이다. "미국 서부 가뭄 산불/ 케냐 아프리카 소말리아 멕시코 가뭄"도 예삿일이고, "나이지리아 홍수"와 "중국 61년만의 최악 가뭄"도 예삿일이다. 요컨대 "튀르기예"에서는 "지진"이 일어나고, "파키스탄 북부의 빙하가 녹아 인더스 강물이" 불어나며, 궁극적으로는 "지구가 뒤집"힌다.

시인은 이러한 현실을 "욕망을 위한 욕망"이라 명명하며, 인간의 문명 발전이 결국 자기모순에 빠져 있다고 지적한다. 우리는 인공지능, 사물인터넷, 스마트기기 등 첨단기술의 발전에 열광하지만, 그 이면에 있는 생명 훼손과 환경 파괴에는 충분히 주목하지 않는다. 이러한 문명은 때로는 자연을 배제하거나 대체할 수 있다고 믿게 만들지만, 시인은 단호히 말한다. 결국 모든 문명도 자연이 없으면 무의미하며, 문명 그 자체가 자멸의 도구가 될 수 있다고.

모든 문명과 문화가 세정 시인의 가장 아름답고 뛰어난 시, 「공허」처럼 허무하고, 지구촌의 신음만이 허공을 가득히 울려 퍼진다.

가까스로 봄비가 내리고 산불이 진화되었다는 소식과 함께 봄꽃이 피기 시작했다. “지구가 뒤집히고 있다”는 말은 단지 은유가 아니라, 우리가 실제로 마주한 변화의 본질을 표현한다. 봄비가 산불을 잠재우고, 다시 봄꽃이 피어나는 것처럼, 시인은 여전히 회복의 가능성을 믿는다. 그 희망은 자연과의 단절이 아닌 회복과 공존의 길로 나아가려는 실천에서 비롯되어야 한다.

세정世靖 이정화李貞和

세정世靖(본명 이정화 李貞和) 시인은 한국방송통신대학교 중어 중문과와 국문과를 졸업했고, 2001년『문예사조』로 등단했다. 초등학교교사를 역임했고, '남과 다른 시 쓰기 동인'이며, '우리 문화진흥원 부원장'으로 활동하고 있다.
세정 시인의 첫 시집『방안의 코끼리』은 생태환경의 시집이며, "지구는 신이 만든 정원이다"라는 대전제 아래, 이 세상을 만물의 터전으로 되살리고자 하는 절규라고 할 수가 있다.

이메일 jackmam2525@daum.net

세정 이정화 시집

방안의 코끼리

발　　행　　2025년 6월 20일
지 은 이　　세정(이정화)
펴 낸 이　　반송림
편집디자인　반송림
펴 낸 곳　　도서출판 지혜

주　　소　　34624 대전광역시 동구 태전로 57(삼성동), 2층　도서출판 지혜
전　　화　　042-625-1140
팩　　스　　042-627-1140
전자우편　　eji@ji-hye.com
　　　　　　ejisarang@hanmail.net
애지카페　　cafe.daum.net/ejiliterature

ISBN　　979-11-5728-576-1　03810
값　　13,000원